HUGO PORTISCHS

GROSSE MOMENTE DER ZEITGESCHICHTE

Peter Schöber (Hsg.):
Hugo Portischs
große Momente der Zeitgeschichte

Alle Rechte vorbehalten
© 2024 edition a, Wien
www.edition-a.at

Coverfoto: First Look / picturedesk.com
Fotos im Buch: ORF
Cover: Bastian Welzer
Satz: Bastian Welzer
Redaktion: Sophia Volpini

Gesetzt in der Premiera
Gedruckt in Deutschland

1   2   3   4   5   —   27   26   25   24

ISBN: 978-3-99001-785-2

HUGO PORTISCHS

GROSSE MOMENTE
DER ZEITGESCHICHTE

Herausgegeben von
Peter Schöber

edition a

INHALT

In memoriam Peter Dusek

Hauptabteilungsleiter des
ORF-Fernseharchivs 1988 bis 2008

Der Welterklärer

Vorwort von Peter Schöber

»Guten Abend, meine Damen und Herren.« Mit diesen Worten begrüßte uns Hugo Portisch über Jahrzehnte hinweg. Kaum ein österreichischer Haushalt kannte sie nicht, die legendären Grußworte des Journalisten Hugo Portisch.

Im Hause Schöber gehörte es zur Pflichtübung, abends als Familie gemeinsam die *Zeit im Bild* zu schauen. Am Mittagstisch wurde politisiert, am Abend lauschte man Hugo Portisch, dem Welterklärer. Seine Analysen der 1970er und 1980er Jahre begleiteten mich als Kind und jungen Erwachsenen. Wenn die *Zeit-im-Bild*-Moderatoren sagten: »Und nun dürfen wir Dr. Hugo Portisch bei uns im Studio begrüßen, mit einem Kommentar zum aktuellen Weltgeschehen«, hörten alle gespannt zu. Er brachte die Dinge auf den Punkt, der Chef-Kommentator des ORF.

Denn das war es, was ihn so besonders machte: Dr. Hugo Portisch berichtete nicht bloß, er erklärte. Sein Hauptfokus lag auf dem Verstehen und Hinterfragen des Weltgeschehens und welche Bedeutung es für Österreich hatte. Es gab nur wenige Menschen, die in der Geschichte so unterschiedlicher Themenfelder wie dem Nahost-Konflikt oder dem Kalten Krieg so beschlagen waren wie Dr. Portisch. Dabei war es ihm wichtig, stets neutral zu bleiben und nicht Partei zu ergreifen. Das, was heute »journalistische Integrität« genannt und für so wichtig erachtet wird, wurde von Dr. Portisch immer mitgedacht und für nachfolgende Journalisten-Generationen definiert. Während ihm das einige zum Vorwurf machten, so finde ich doch, dass er damit eines der höchsten Güter eines guten Journalisten bewahrte. Denn als Journalisten ist es nicht unsere Aufgabe, Partei zu ergreifen, sondern neutral, »ohne bias«, wie er sagte, also ohne Vorurteil, zu berichten. Aus diesem Grund hatte Hugo Portisch auch gute Beziehungen in den Osten. Er war kein Sprachrohr des Westens, positionierte sich nicht, sondern schenkte beiden Seiten das gleiche Gehör.

Hugo Portisch wollte alle Seiten verstehen und das, was er verstand, mit der österreichischen Bevölkerung teilen. In seinen Augen war es wichtig, Prozesse nachvollziehen zu können. Warum handelt jemand so, wie er handelt? Warum greift dieses oder jenes Land ein anderes an? Was steckt dahinter? Woher rühren Konflikte und Unstimmigkeiten? Versucht man zu verstehen, so fällt es auch leichter, Lösungen zu erkennen. In unserer heutigen Zeit ist das leider eine seltene Gabe geworden. Zu oft wird der Wille zum Verständnis eines Tatbestands mit dessen Akzeptanz oder gar dessen Zustimmung verwechselt. Hugo Portisch war aber genau diese Unterscheidung immer wichtig.

Während ich nun also bereits im Elternhaus und danach im ersten Eigenheim Hugo Portischs Kommentare zum Weltgeschehen verfolgte, entwickelte ich mich selbst zum Journalisten. Hugo Portisch war dabei immer ein großes Vorbild für mich. Ich glaube, ich kann für viele Journalistinnen und Journalisten meiner und auch der jüngeren Generation sprechen, wenn ich sage, er war und ist eine Inspiration für uns.

Mein erstes Treffen mit Dr. Portisch fand im Zuge des Projekts »Schauplätze der Zukunft« statt. In den 1990er Jahren, als das Internet und die Computertechnologie die Allgemeinheit erreichten, suchte der ORF nach einem passenden Gesicht für die Sendung, jemanden, der an diese Schauplätze der Zukunft reisen sollte, an das *MIT* nach Boston zum Beispiel. Die Wahl fiel auf Hugo Portisch. Bescheiden und sich selbst infrage stellend war seine initiale Reaktion: »Bin ich denn überhaupt der Richtige dafür?«

Wir wussten, Österreich vertraute Hugo Portisch. So ging ich als noch junger leitender Redakteur und Büroleiter der Informationsintendanz gemeinsam mit Hannes Leopoldseder, der eine große Rolle in diesem Projekt spielte, zu Hugo Portisch, um ihn von unserem Vorhaben zu überzeugen. Nach anfänglichem Zögern sagte er schließlich zu. Daraus entstand eine tolle Informationsreihe. Noch schöner: Es war der Beginn einer jahrzehntelangen Zusammenarbeit und Freundschaft. Ich durfte in den folgenden Jahren viel von ihm lernen. Der Initiative des damaligen ORF-Generaldirektors Alexander Wrabetz ist es zu verdanken, dass wir im Zuge des Starts von ORF III im Jahr 2011 Hugo Portisch überzeugen konnten, zuerst seine großen Reihen *Österreich I*, *Österreich II* und *Hört die Signale* komplett neu zu bearbeiten und mit neuen Folgen zu ergänzen. In weiterer Folge produzierte Hugo Portisch mit der ORF-III-Zeitgeschichte-Redaktion neue Reihen und Dokumentationen wie etwa *Wir und Europa* oder auch seine dreiteilige autobiografische Dokumentation *Aufregend war es immer*.

Nie zuvor und nie danach traf ich auf jemanden, der so genau, so exakt formulierte und solch einen Wert auf die richtigen Worte legte wie Hugo Portisch. Er ging jeden einzelnen Satz akribisch durch und lieferte Texte, die stets druckreif waren. Diese unglaubliche Qualität seiner Arbeit werde ich stets bewundern.

Zu einem guten Journalisten gehört es auch, sich mit Kollegen zu beraten und zu besprechen. Journalisten sind keine Einzelkämpfer. So kam es nicht selten vor, dass mich Herr Portisch zu einer Zeit anrief, die dem einen oder anderen ungewöhnlich vorkommen mag. Zum Glück war ich, wie er, ein Nachtmensch. Manch anderer hätte vielleicht nicht abgehoben, wenn das Telefon um Mitternacht läutete. »Störe ich eh nicht?«, fragte er höflich. Mich störte er nie, das wusste er auch, und so besprachen wir oft mitten in der Nacht, wie wir Texte und Formulierungen seiner vielen Dokumentarreihen neu bearbeiten sollten.

Hugo Portisch wusste schon immer: Das schärfste Schwert, das ein Journalist in der Hand halten kann, ist das Wort. Im Fernsehen auch das Bild, aber vor allem eben das gesprochene oder das gedruckte Wort. Er arbeitete genau und differenziert, pauschalisierte nicht, sondern vertiefte sich in Themen. Er war stets interessiert und unglaublich neugierig. Jedes Mal, wenn ich ihn besuchte, lag ein Packen Zeitungen auf dem Tisch, allesamt bereits von ihm gelesen.

Eines von Portischs großen Mottos war die Formulierung »Check, Re-Check, Double-Check«. Während die klassische Methode des »Check, Re-Check« durchaus bei der Quellenprüfung anderer Journalisten üblich war, so reichte das Portisch nicht. Er hatte einen höheren Anspruch und setzte mit dem dritten Element, dem Double-Check, einen neuen Maßstab in der Quellenprüfung. Portisch prüfte jede Quelle, jedes Faktum, jede Jahreszahl, jeden Zusammenhang, den er beschrieb, nicht nur einmal, auch nicht zweimal, sondern dreimal. Portisch verbreitete geprüfte Fakten, keine Gerüchte, keine, wie wir sie heute nennen würden, Fake News und keine Halbwahrheiten. Gerade heute brauchen wir diesen Leitsatz von Check, Re-Check, Double-Check mehr denn je.

Doch Hugo Portisch war nicht nur Chronist und Berichterstatter, er war auch Zeitzeuge. Wenn wir uns seine Vergangenheit und seinen Lebensweg genauer ansehen, dann wird klar, warum er stets objektiv berichtete und doch auch ein harmoniesuchender Mensch war. Hugo Portisch war Jahrgang 1927. Er ist einer Einberufung durch die deutsche Wehrmacht, dem damaligen Volkssturm, gerade noch entkommen. Er war zu dieser Zeit Maturant, 18 Jahre alt, und konnte in diesen letzten, chaotischen Wochen des Zweiten Weltkriegs aufgrund einer Reise ins heutige Tschechien die aktive Kriegsteilnahme vermeiden. Auch wenn ihm der Einzug in den Krieg erspart blieb, so musste er dennoch die Schrecken dieses Kriegs als junger Mensch miterleben. Das prägte ihn mit Sicherheit im Sinne einer grundlegenden Antikriegshaltung.

Bereits sein Vater war Journalist, und Portisch entschloss sich, diesem Weg zu folgen. Er machte sich auf den Weg nach Wien, um dort an einer zerbombten Universität zu studieren und diese mit den anderen Studenten wiederaufzubauen.

Er wurde wie sein Vater Zeitungsjournalist, verbrachte im Zuge von Ausbildungsaktivitäten immer wieder mehrere Monate in Amerika, wo er das Zeitungs-Handwerk lernte. Von 1958 bis 1967 war er Chefredakteur des *Kurier*. Während seiner Tätigkeit als *Kurier*-Chefredakteur initiierte er 1964 das Rundfunkvolksbegehren für einen unabhängigen ORF. Neben inhaltlichen Reformen und der essenziellen Entpolitisierung des Senders stand auch die Wahl eines neuen Generalintendanten auf der Agenda. Eine neue Grundform des öffentlich-rechtlichen Rundfunks und ein Meilenstein in der Rundfunkgeschichte wurden mit dieser, von ihm initiierten, Reform gesetzt. Der ORF wurde völlig neu aufgebaut, von der Führungsebene bis hin zur inhaltlichen Gestaltung. Der neue Generalintendant Gerd Bacher, selbst Zeitungsjournalist, holte im Jahr 1967 Hugo Portisch mit in sein Kernteam. Er wollte seine sogenannte Informationsoffensive starten und wusste mit Portisch einen würdigen Journalisten an seiner Seite. Ohne Hugo Portisch gäbe es den ORF in seiner heutigen Form wohl gar nicht. Erst nach diesem Volksbegehren wurden die ersten tatsächlich unabhängigen, vor allem innenpolitischen, Redaktionen gegründet. Das war auch der Startschuss für die Kommentare, auf die wir uns in diesem Buch beziehen.

Wie Sie im vorliegenden Werk lesen und sehen werden, war Portisch überall auf der Welt unterwegs und führte Interviews mit den politischen Größen des 20. Jahrhunderts. Er interviewte nicht nur Henry Kissinger und Prinz Philip, er war auch einer der ersten Journalisten, denen Zugang zu den amerikanischen Interkontinentalraketen gewährt wurden. Er legte mit seinen Kommentaren die Spannungslage des aktuellen Weltgeschehens dar: der Warschauer Pakt auf der einen Seite, die NATO auf der anderen. Wir behandeln im Folgenden prägende Momente und Konflikte der 1960er, 1970er und 1980er Jahre. Die Spannungen, die Hugo Portisch in den hier angeführten Beiträgen beschreibt, halten bis heute an. Neben Friedensverhandlungen und Beendigungen von Kriegen stehen auch anhaltende Konflikte im Vordergrund, die sich weder damals noch heute einer diplomatischen und nachhaltigen Lösung erfreuen durften.

Wir werden vom Beginn einer Europäischen Union und dem Beitritt Englands lesen, der vor dem Hintergrund des Brexits in einem völlig neuen Licht erscheint. Allgegenwärtig und auch Herzensthema Portischs war der Konflikt zwischen Ost und West. Die damalige UdSSR gegen die USA. Und all die Stellvertreterkriege, die diese Dynamik mit sich brachte.

Doch auch Konflikte, die nicht direkt mit Mitteleuropa zu tun hatten, brachte Portisch in die Wohnzimmer der Menschen und zeigte ihre globale Bedeutung auf: Von der Spaltung Pakistans bis hin zu den blutigen Auseinandersetzungen rund um Nordirland – Portisch gewährte uns mit seinen Kommentaren einen Einblick in Auseinandersetzungen, die nichts an Aktualität verloren haben und unsere Gegenwart genauso bestimmen wie jene der Menschen damals.

Betrachten wir die Krisenherde der Welt von vor zwanzig, dreißig, vierzig oder fünfzig Jahren, so wird ersichtlich, dass sich viel geändert hat und gleichzeitig doch vieles gleich geblieben ist. Dieser Sprung in die Vergangenheit, in das Fernsehen und die Berichterstattung vergangener Jahrzehnte, ist auch ein Bekenntnis zu ausgewogenem und objektivem Journalismus und gleichzeitig eine Mahnung. Ohne ihn geht es nicht. Ohne ihn wird der Wille zum Verständnis komplexer Sachverhalte ersetzt durch die Überforderung, durch eine ungefilterte, unseriöse, im besten Fall nicht eingeordnete, im schlimmsten Fall instrumentalisierte Informationsflut. Die folgende Auswahl der bedeutendsten Kommentare Portischs soll uns also nicht nur an wichtige historische Ereignisse des 20. Jahrhunderts erinnern, deren Auswirkungen auch für uns heute noch zu spüren sind, und sie verstehen helfen. Sie soll auch als Beispiel für hochqualitativen Journalismus dienen, der in unseren Zeiten alles andere als selbstverständlich geworden ist.

Sie lesen im Folgenden Abschriften von Fernseh-Kommentaren, die Hugo Portisch zwischen 1968 und 1993 in Nachrichtensendungen des ORF präsentiert hat und die im ORF-Archiv aufbewahrt sind.

Aus Gründen der Lesbarkeit sind Hugo Portischs Kommentare editiert und gekürzt. Inhalt und Sinn blieben dabei erhalten.

Historische Einordnungen geben einen Kontext für die Kommentare und erleichtern das Verständnis der Ereignisse, über die Hugo Portisch berichtet.

Teil I

DIE SOZIALISTISCHE UTOPIE UND IHRE WIRKLICHKEIT

Die Entwicklungen der Sowjetunion,
Jugoslawiens und des »Ostblocks« nach 1945

Der Prager Frühling

Nach dem Ende des Zweiten Weltkriegs gelangte das Gebiet des heutigen Tschechiens und der Slowakei, die während des Kriegs von Nazi-Deutschland besetzt worden waren, unter sowjetischen Einfluss. Die Tschechoslowakische Republik entstand mit der Hauptstadt Prag, in der die kommunistische Partei Tschechiens de facto allein regierte.

Im Jänner 1968 wurde Alexander Dubček zum Vorsitzenden der Kommunistischen Partei der Tschechoslowakei (KSČ) gewählt. Unter seiner Idee des »Sozialismus mit menschlichem Antlitz« öffnete sich die Politik: Die Zensur wurde aufgehoben, Versammlungsfreiheit gewährt, politische Häftlinge wurden freigelassen, und auch die Wirtschaft wurde liberalisiert. Diese Bewegung wurde als »Prager Frühling« bekannt.

Die anderen Mitglieder des Warschauer Pakts beziehungsweise des nach dem Zweiten Weltkrieg entstandenen »Ostblocks«, allen voran die Sowjetunion, sahen diese Bestrebungen kritisch.

Sie befürchteten, dass eine Liberalisierung den Kommunismus schwächen und andere Länder zu ähnlichen Bewegungen inspirieren könnte.

Im Juli 1968 erreichten die Reformen des Prager Frühlings ihren Höhepunkt. Die Spannungen zwischen der Tschechoslowakei und der Sowjetunion verhärteten sich.

Der Erste Sekretär der kommunistischen Partei Russlands, Leonid Breschnew, und die sowjetische Führung sahen sich zum Handeln gezwungen. So wurde im Juli 1968 eine Sondersitzung der Kommunistischen Partei der Tschechoslowakei (KSČ) ausgerufen. Ein entscheidender Moment im Prager Frühling, wie Hugo Portisch berichtete.

Tschechoslowakisch-sowjetische Verhandlungen
30. Juli 1968

Nun, meine Damen und Herren, zur Stunde, da wir diesen Kommentar in Prag abdrehen, abdrehen müssen, damit er Sie noch rechtzeitig in Wien erreicht, ist hier nur ein lakonischer Satz bekannt. Die tschechoslowakischen und sowjetischen Politiker hatten sich zusammengesetzt, um ihre Standpunkte und Ansichten auszutauschen. Allerdings weiß man schon einiges mehr. Zum Zeitpunkt, da die tschechoslowakischen und sowjetischen Führer beisammen saßen, sind sowjetische Divisionen in Polen und in der DDR in Marsch gesetzt worden, in die Richtung auf die tschechoslowakische Grenze.

Nun, die tschechoslowakischen Führer haben bei den Verhandlungen mit den Sowjets die Nerven nicht verloren. Sie betrachten diesen Aufmarsch der sowjetischen Armee, der jetzt nicht nur auf sowjetischem Gebiet stattfindet, sondern auch auf ostdeutschem und polnischem, zunächst einmal nur als ein weiteres psychologisches Druckmittel.

Hugo Portisch berichtet direkt von den Straßen Prags

Unter starkem psychologischem Druck sind die tschechoslowakischen Verhandlungspartner wohl gestanden. Die erste sowjetische Forderung lautete, von der Tschechoslowakei die Stationierung von zwei sowjetischen Divisionen zu fordern. Diese beiden Divisionen sollen in Westböhmen eingesetzt werden zur Sicherung der tschechoslowakischen Grenze nach dem Westen hin.

Meine Damen und Herren, auf ideologischem Gebiet hat die tschechoslowakische Führung eine Reihe von Maßnahmen vorgeschlagen, die den Sowjets ebenfalls Garantien geben soll. Zum Beispiel dort, wo die Sowjetunion und die anderen fünf Warschauer-Pakt-Mitgliedstaaten [*Deutsche Demokratische Republik, Volksrepublik*

Polen, Union der Sozialistischen Sowjetrepubliken, Volksrepublik Ungarn, Volksrepublik Bulgarien] meinen, dass die Meinungsfreiheit, die Pressefreiheit hier zu weit geht. So wäre man bereit, durch Beratungskomitees in Rundfunk und Fernsehen, die ja bereits eingesetzt worden sind, Beratungskomitees in den Ministerien, die die Chefredakteure der Zeitungen und das Fernsehen beraten würden, gewisse Auswüchse zu vermeiden, jene Artikel und Veröffentlichungen zu vermeiden, die die Sowjetunion am allermeisten gestört haben.

Man hat weiters angeboten, die Sowjetunion in ihrem außenpolitischen Kurs vorbehaltlos zu unterstützen, insbesondere was die deutsche Bundesrepublik betrifft. Man hat angeboten, dass man ein ganz großes Anliegen der Sowjetunion unterstützen würde, nämlich das Treffen der kommunistischen Parteien der Welt, das im Herbst dieses Jahres in Moskau stattfinden soll. Bei diesem Treffen wird es der Sowjetunion um jede Stimme gehen. Hier wäre die Tschechoslowakei bereit auszusagen, dass die Sowjetunion einem kleineren Land gestattet hat, seinen eigenen Weg zum Sozialismus zu gehen, und dass man sich unter der sowjetischen Fahne durchaus scharen kann, dass die Weltkommunistische Bewegung die Leitung Moskaus akzeptieren kann, also auch eine ganz wesentliche Konzession. Im Übrigen waren die tschechoslowakischen Verhandlungspartner sehr darauf aus, wenn es zu keinem positiven Resultat bei diesen Verhandlungen kommen kann, so zumindest eine Vertagung zu erreichen.

Sie plädierten für eine Bewährungsprobe. Sie schlugen sogar vor, man möge Beobachterteams in die Tschechoslowakei schicken, aus den Warschauer-Pakt-Staaten. Diese Beobachterteams könnten sich davon überzeugen, dass die tschechoslowakische Armee die Westgrenze verteidigt. Könnten sich davon überzeugen, dass in diesem Lande keine Konterrevolution vor sich geht, könnten sich davon überzeugen, dass hier keine reaktionären Kräfte am Werke sind. Und dann solle man den Dialog fortsetzen, wenn diese Beobachterteams referiert haben, wenn man weiß, was in diesem Lande tatsächlich vor sich geht. Also ein Aufs-Eis-Legen dieser Fragen. Mittlerweile aber haben nicht nur die Sowjets mit ihren Truppen psychologischen Druck auf die Tschechoslowakei ausgeübt, auch die Tschechoslowakei hat noch bestimmte Reserven.

So ist zum Beispiel der jugoslawische Staatspräsident Tito bereit, innerhalb weniger Stunden nach Prag zu kommen, wenn die tschechoslowakische Führung diese Unterstützung benötigt. Ebenso will auch der rumänische Staatspräsident Ceaușescu hierherkommen, um den Tschechoslowaken Unterstützung zu geben. Die Tschechoslowaken versuchen, überhaupt die Sowjets dazu zu bewegen, aus dieser Diskussion um die Entwicklung in der Tschechoslowakei eine internationale kommunistische Diskussion zu machen. Es mögen viele gefragt werden, es möge mit vielen diskutiert werden, und man will Zeit gewinnen. Eine Zeit, in der die Tschechoslowakei beweisen kann, dass sie ein treuer Verbündeter der Sowjetunion bleibt, dass sie ihre Liberalisierung und Demokratisierung zwar kompromisslos durchführt, dass aber die Kommunistische Partei in diesem Lande das Heft weiter in der Hand behält.

Nun, meine Damen und Herren, zu der Stunde, da dieser Kommentar Sie in Wien erreicht, wird vielleicht das Endresultat der Verhandlungen bereits bekannt sein. Hier jedenfalls fiebert man dieser Minute entgegen.

Auf Wiederhören und auf Wiedersehen.

Die Sondersitzung im Juli 1968 machte die Spannungen zwischen den reformwilligen Tschechoslowaken und dem konservativen Führungsstil der Warschauer-Pakt-Staaten, allen voran der Sowjetunion, deutlich. Die Sitzung brachte letztendlich keine endgültigen Ergebnisse hervor. Schließlich war die militärische Intervention des Warschauer Pakts im August 1968 nicht mehr abzuwehren. Am 20. August wurde die Tschechoslowakei von etwa 200.000 Soldaten und 5.000 Panzern aus der Sowjetunion, aus Bulgarien, Polen, Ungarn und der DDR angegriffen. Die Invasion erfolgte völlig überraschend, der Widerstand war allerdings weitgehend friedlich. Alexander Dubček und seine Parteikollegen wurden verhaftet und nach Moskau gebracht. Die kommunistische Leitlinie war so wiederhergestellt. Fast alle Reformen des Prager Frühlings wurden aufgelöst. Die Auflösung und Beendigung des Prager Frühlings hinterließ tiefe Spuren in der tschechoslowakischen Gesellschaft. Der Prager Frühling wurde zum Symbol des Widerstands. Erst durch die Samtene Revolution im Jahr 1989 erreichte die Tschechoslowakei den friedlichen Weg zu Demokratie und Unabhängigkeit.

Der Sonderweg Jugoslawiens

Nach dem Überfall Nazi-Deutschlands 1941 auf das Königreich Jugoslawien begann Josip Broz Tito, hochrangiges Mitglied der verbotenen Kommunistischen Partei Jugoslawiens, einen Partisanenkrieg gegen die deutschen Besatzer zu organisieren.

Tito war kein unbeschriebenes Blatt. Er wurde 1892 im heutigen Kroatien geboren, das damals Teil der Habsburger-Monarchie war. Tito arbeitete als Mechaniker, bis er im Ersten Weltkrieg aufseiten der Habsburger-Armee ins Feld zog. Er geriet 1915 in Russland in Kriegsgefangenschaft, kam während der russischen Februarrevolution 1917 frei und schloss sich den kommunistischen Bolschewiki an, die den Zaren stürzen wollten.

1920 kehrte er ins Königreich Jugoslawien zurück, wo er als Kommunist verhaftet und für mehrere Jahre inhaftiert wurde. Dann begann der Zweite Weltkrieg, der Überfall Nazi-Deutschlands auf das Königreich Jugoslawien und Titos Aufstieg.

Nachdem sich Tito als Partisanenführer im Widerstand gegen die Nazis hervorgetan hatte, erkannten die Alliierten ihn und seine provisorische Regierung für Jugoslawien an. Nach dem Zweiten Weltkrieg baute Tito Jugoslawien als sozialistischen Staat auf, der die heutigen

Länder Serbien, Kroatien, Bosnien und Herzegowina, Montenegro, Nordmazedonien und Slowenien umfasste.

Tito etablierte ein autoritäres Regime, das auf dem Einparteienstaat und einer zentralisierten Planwirtschaft basierte. Ein zentrales Ereignis in der jugoslawischen Geschichte stellt der Bruch Titos mit der Sowjetunion im Jahr 1948 dar. Somit entstand neben den Staaten des Warschauer Pakts, angeführt von der Sowjetunion, mit Jugoslawien ein zweiter großer kommunistischer Machtblock.

Tito wählte also einen anderen Weg als die Sowjetunion, den sogenannten dritten Weg zwischen Ost und West. Als von der Sowjetunion unabhängiges Land konnte Jugoslawien diplomatische Beziehungen zu vielen Ländern aufbauen, es schloss sich keinem der Machtblöcke des Kalten Kriegs an und förderte stattdessen internationale Beziehungen.

Der multiethnische Staat stand über die Jahre hinweg vor wachsenden Herausforderungen. Im März 1969 fand eine bedeutende Zusammenkunft in Belgrad statt. Der Parteikongress sollte die politischen Linien und Strukturen des Landes stabilisieren, außerdem sollten interne politische und wirtschaftliche Herausforderungen des Landes nach dem Bruch mit der Sowjetunion behandelt und internationale Beziehungen gestärkt werden. Neben Themen wie Dezentralisierung und Föderalismus sollten auch Wirtschaftsreformen und der jugoslawische Weg im Sozialismus angeschnitten werden. Das Stimmungsbild Jugoslawiens während dieses Kongresses zeichnete Hugo Portisch damals direkt aus Belgrad für die Zuseherinnen und Zuseher.

ZK-Sitzung in Belgrad

10. März 1969

Meine Damen und Herren, wir melden uns heute aus Belgrad, aus der jugoslawischen Hauptstadt. Morgen wird hier in diesem Gebäude der Parteikongress des Bundes der jugoslawischen Kommunisten beginnen, und es hat ganz den Anschein, dass dieser Kongress eines der bedeutendsten Ereignisse im Kommunismus sein wird, so bedeutend wie der Prager Frühling, so bedeutend wie Titos Absprung aus dem Ostblock im Jahre 1948.

Im Prinzip wird dieser Parteikongress eine Zangenoperation durchführen. Erstens ein außenpolitisches Konzept, zweitens eine innere Reform des jugoslawischen Kommunismus. Was das außenpolitische Konzept betrifft, so wird die jugoslawische Partei feststellen, dass es überhaupt kein Prinzip in der Welt gibt, das über die Souveränität eines Staates gesetzt werden kann, auch über die Souveränität eines kommunistischen Staates.

Mit anderen Worten, die Jugoslawen werden hier der sogenannten Breschnew-Doktrin schwer widersprechen. Diese Doktrin wurde angewendet, um die Tschechoslowakei zu besetzen [*siehe Prager Frühling auf Seite 22*]. Damals hieß es, alle kommunistische Staaten haben eine gemeinsame Souveränität. Einer hat auf den anderen aufzupassen.

Hier wird gesagt werden, es gibt ein solches Prinzip nicht. Die Souveränität auch jedes kommunistischen Staates ist heilig. Damit aber werden die Jugoslawen auch feststellen: Es gibt keine kommunistische Internationale, und es darf keine geben. Und es gibt kein Lenkungszentrum für den Kommunismus, also kein Moskau, kein Peking. Jeder kommunistische Staat hat sich selbstständig zu entwickeln.

Ist das schon Sprengstoff genug, so wird die innere Reform der jugoslawischen Kommunisten noch mehr Sprengstoff bieten. Da ist vorgesehen, dass sich die Partei nach außen dem Volke gegenüber zu öffnen hat. Geheime Wahlen werden zum ersten Mal hier als ein Muss in die reformierten Parteistatuten aufgenommen werden. Zweitens, die Führer müssen geheim gewählt werden, und es muss mehrere Kandidaten dafür geben. Drittens, und das ist noch in keinem kommunistischen Parteistatut der Welt enthalten, die Meinungsfreiheit jedes Parteimitglieds wird gewährleistet. Ja, das Parteimitglied hat sogar die Pflicht, seine Meinung zu äußern, auch dann und gerade dann, wenn sie der Führung widerspricht.

Das allein, meine Damen und Herren, wird schon dazu führen, dass die übrigen kommunistischen Parteien der Welt hier in Jugoslawien unter Umständen sich ein Beispiel holen werden. Die Jugoslawen werden aber noch weiter gehen. Sie werden das Zentralkomitee der Partei auflösen. Nur ein Drittel der Mitglieder der Parteikonferenz werden gewählt sein und immer in dieser Parteikonferenz sitzen. Zwei Drittel dieser Mitglieder werden jeweils nach den Problemen, die diese Parteikonferenz zu behandeln hat, einberufen. Das heißt, Fachleute werden in diese Parteikonferenz geholt, und sie werden innerhalb der Parteikonferenz die Mehrheit haben. Das Zentralkomitee aber bleibt abgeschafft. Das Präsidium der Partei, das wird es geben, die oberste Führung, das oberste Führungsgremium. Aber dieses oberste Führungsgremium wird ebenfalls vom Parteikongress gewählt, nicht mehr vom Zentralkomitee, also von einer breiten Basis ausgewählt. Und selbst der Präsident dieses Präsidiums, in diesem Fall wird es wieder Tito sein, muss vom Parteikongress gewählt werden. Er wird nicht aus den obersten Führungsgremien gewählt. Das ist eine weitere Neuerung hier in Jugoslawien. Also eine nahezu revolutionäre Ansage an alle anderen kommunistischen Parteien. Und die Jugoslawen haben diese kommunistischen Parteien nach Belgrad eingeladen, die westlichen und östlichen mit Ausnahme von China, Albanien und Kuba. Die drei wurden von vornherein nicht eingeladen. Der Ostblock aber wird nicht kommen.

Nur Rumänien hat zugesagt. Die Sowjets kommen nicht, auch die Tschechoslowaken kommen nicht. Die Polen und die Ostdeutschen, die Ungarn und Bulgaren, sie alle kommen nicht, denn sie wissen, welcher Sprengstoff hier in Belgrad für sie lagern wird. Hingegen hat man, auch ein Novum in der kommunistischen Bewegung, die sozialistischen, die sozialdemokratischen Parteien des Westens eingeladen. Man hat das sehr vorsichtig getan. Man hat angefragt: Wollt ihr kommen? Haben wir Aussicht auf eine Zusage? Jene sozialistischen Parteien, die gemeint haben, wir kommen, sind dann auch eingeladen worden. Die italienischen Sozialisten, die französischen Sozialisten werden kommen. Aber am bedeutungsvollsten: Die Sozialdemokratische Partei Deutschlands, also der deutschen Bundesrepublik, wird hier mit einer 4-Mann-Delegation vertreten sein. Das wird als das bedeutungsvollste Ereignis gewertet.

Ich habe mich danach erkundigt, weshalb diese grundlegende innere Reform, weshalb diese Öffnung nicht nur im Innern, sondern auch nach außen, also zu den sozialdemokratischen Parteien? Und ein führender Parteifunktionär hat mir heute Vormittag hier erklärt: »Wir müssen es tun, sonst stagniert unsere Partei. Sonst wird das Schlagwort von der neuen Klasse absolut wahr. Sonst ist der Kommunismus verloren. Wenn wir nicht jetzt gründlich reformieren, gründlich unsere Grenzen aufreißen, dann wird es mit dem Kommunismus bergab gehen.« Das jedenfalls ist die Einschätzung eines Kommunisten. Alles hier spricht dafür, dass der Parteikongress ein bedeutungsvolles Ereignis sein wird. Wir melden uns wieder aus Belgrad.

Auf Wiederhören und auf Wiedersehen.

Neunter KP-Kongress Jugoslawien

12. März 1969

Meine Damen und Herren, wir melden uns heute wieder aus Belgrad vom neunten Kongress der jugoslawischen Kommunisten. Die Delegierten ziehen soeben in das Versammlungsgebäude ein, um den zweiten Tag ihrer Beratungen zu beginnen.

Nun, nach der großen Rede Präsident Titos, ist es vollkommen klar, dass Jugoslawien unter Umständen auf einen neuen ideologischen Bruch mit Moskau, mit der Sowjetunion zusteuert. Präsident Tito war in dieser Rede vorsichtig. Seine Ansprache war sehr abgewogen. Aber drei Dinge hat Präsident Tito klargestellt.

Erstens, der Stalinismus. Nicht wie man uns bisher weiszumachen versucht hat, sei der Stalinismus Personenkult gewesen, der Auswuchs einer einzelnen Person. Nein, der Stalinismus ist ein System, ist eine Denkungsart, ein System und eine Denkungsart, die auch heute noch existiert und die einfach darin besteht, dass Tausende und Zehntausende Funktionäre auf ihren Posten sitzen bleiben wollen, dass sie die totale Kontrolle über die Partei, den Staat und jeden einzelnen Bürger in einem Staat aufrechterhalten wollen und dass sie zu jedem Mittel greifen, um diese Kontrolle aufrechterhalten zu können. Selbst zu Mitteln der militärischen Intervention außerhalb des eigenen Landes. Also eine klare Kampfansage.

Zweitens aber hat sich Tito außerordentlich lange mit der Rolle der Komintern, also der früheren Kommunistischen Internationale, beschäftigt und festgestellt, welch unheilvolle Aufgaben diese Komintern hatte, hat sich streng dagegen gewandt, dass eine solche Internationale neuerdings geschaffen wird, und hat unter der Empörung der anwesenden Delegierten Namen von berühmten jugoslawischen Kommunisten bekannt gegeben, die von der Komintern vor dem Krieg und während des Krieges liquidiert worden sind. Kampfansage Nummer zwei.

Und dann hat Tito gemeint, damit uns das alles aber nicht passiert, damit wir das alles wirklich überwinden können, müssen wir gerade das Gegenteil tun. Das heißt, wir müssen für eine Rotation der Funktionäre sorgen. Es dürfen die Funktionäre nicht auf ihren Sesseln sitzen bleiben. Folge: Neunzig Prozent der Delegierten in diesem Parteitag sind neu gewählt, 69 Prozent der Führungsspitze hier ist neu gewählt, und das soll hier beibehalten werden.

Weiters, die Dezentralisierung des Staates wird einer der Hauptpunkte dieses Kongresses sein. Freie Meinungsbildung in der Partei, geheime Wahlen in der Partei und vor allem Kontrolle der Öffentlichkeit über die Partei, Presse, Fernsehen, Hörfunk haben jeder Parteiversammlung beizuwohnen und haben dem Volke zu berichten. Das heißt, Tito öffnet die Partei gegenüber dem Volk. Und er hat auch indirekt zugegeben, dass diese Partei in einem gewissen Maße bis heute vom Volke isoliert ist, dass es aber nur eine Zukunft gibt, wenn die Partei sich gegenüber dem Volke öffnet. Das heißt, er geht ein ganz anderes Konzept als jenes, das in den anderen Ostblockstaaten heute gültig ist.

Man rechnet aber auch damit, dass sich der ruhige Ton dieses Parteikongresses schon heute und morgen ändern wird. Denn heute tritt bereits der Rehabilitierungsausschuss zusammen. Und dieser Ausschuss hat die Aufgabe, jene kommunistischen Führer zu rehabilitieren, die unter Stalin und unter der Komintern liquidiert worden sind. Ebenso tritt der außenpolitische Ausschuss zusammen, und in diesem Ausschuss wird man keine, so glaubt man, abgewogenen Reden mehr halten. In diesem Ausschuss werden die Delegierten ganz klar sagen, was sie etwa von der Invasion der Tschechoslowakei halten.

Und noch eines ist nicht zu übersehen. Während Präsident Tito im Jahre 1948 in der kommunistischen Welt völlig isoliert dastand, nehmen heute an diesem Kongress nahezu siebzig Parteien teil, die meisten davon kommunistische Parteien. Sie zeigen ein sehr aktives Interesse an den hiesigen Meinungen und hiesigen Vorgängen. Auch das kann man in Moskau und in den anderen Ostblockstaaten nicht übersehen. Und die Reaktion kann man schon spüren. In den nächsten Tagen bereits soll ein Gipfeltreffen des Warschauer Paktes stattfinden. Man rechnet hier in Belgrad damit, dass von diesem Gipfeltreffen unter Umständen ein neuer Bannfluch gegen Belgrad geschleudert wird, wenn es nicht den Rumänen vielleicht gelingt, einen solchen Bannfluch innerhalb des Warschauer Gipfels zu verhindern. Oder wenn man klug genug ist in Moskau, sich nicht eine solche neue Sorge anzutun. Nach der Invasion der Tschechoslowakei aber, weil es diese gewisse Gefahr eines Bannfluchs vonseiten des Ostblocks gibt, tritt hier dieselbe Automatik ein wie im Jahre 1948.

Am Vorabend dieses Parteikongresses hat der amerikanische Präsident Richard Nixon eine persönliche Botschaft an Präsident Tito gesendet. Und in dieser persönlichen Botschaft, deren Wortlaut natürlich noch geheim ist, soll es heißen, dass Amerika ein vitales Interesse an der Sicherheit und Unabhängigkeit Jugoslawiens hat, ein vitales Interesse an der Adria. Sie wissen, 1948 war das ähnlich. Nach der Ausstoßung Jugoslawiens aus dem Ostblock, nach der Feindschaft mit Stalin und der Bedrohung Jugoslawiens, haben die Amerikaner sich sofort auf die Seite Jugoslawiens gestellt. Es ist die gleiche strategisch politische Lage wie damals. Meine Damen und Herren, wir verabschieden uns aus Belgrad.

Auf Wiederhören und auf Wiedersehen.

Der Parteikongress von 1969 stellte politische Weichen, die das Land noch Jahre später prägen sollten. Der Föderalismus wurde gestärkt, um den ethnischen und regionalen Unterschieden der verschiedenen Bevölkerungsgruppen Jugoslawiens gerecht zu werden. Auf internationaler Ebene wurde die Blockfreiheit Jugoslawiens bestätigt. Jugoslawien sollte weiterhin unabhängig bleiben. Trotz der durchgesetzten Maßnahmen verstärkten sich in den folgenden Jahren vor allem die ethnischen Spannungen im Land. Neben wirtschaftlichen Problemen in den 1970er Jahren sorgte auch eine Verfassungsreform für eine Schwächung der Zentralregierung. Mit dem Tod Titos im Jahr 1980 verhärteten sich die bereits bestehenden Spannungen, was schließlich zum Zerfall Jugoslawiens und den blutigen Jugoslawienkriegen in den frühen 1990ern führte.

Streiks in Polen

Nach dem Zweiten Weltkrieg und der Vertreibung der nationalsozialistischen Besatzer aus Polen wurde die Volksrepublik Polen unter kommunistischer Führung Teil des Warschauer Pakts, einem Zusammenschluss osteuropäischer Staaten unter der Führung der Sowjetunion. Politisch und wirtschaftlich entstand spätestens ab diesem Zeitpunkt eine globale Trennung zwischen dem »Westen« und dem »Osten«, die über Jahrzehnte die neue Weltordnung prägen sollte (siehe auch Kalter Krieg ab Seite 47).

Bereits ab dem Jahr 1967 litt die Wirtschaft Polens unter einer zunehmenden Rezession. Im Sommer 1970 gab es die ersten Gerüchte über mögliche Preiserhöhungen in der Bevölkerung. Die Lage sollte kurzfristig mit dem Abschluss des Warschauer Vertrags mit der Bundesrepublik Deutschland am 7. Dezember 1970 beruhigt werden. Die Warschauer Verträge sind eine Reihe von diplomatischen Abkommen, die zwischen der Bundesrepublik Deutschland und der Volksrepublik Polen unterzeichnet wurden. Sie spielten eine wichtige Rolle in der Normalisierung der Beziehungen zwischen den beiden Ländern nach dem Zweiten Weltkrieg, inbegriffen waren Grenzregelungen und eine offizielle Entschuldigung für die im Krieg verursachten Schäden. Diese diplomatischen Bemühungen blieben allerdings ohne Erfolg. Polens Regierung hoffte, die Bevölkerung durch diesen außenpolitischen Erfolg

von der eigenen Krise ablenken zu können, doch die Preise stiegen, insbesondere für Konsumgüter, wie Portisch
berichtet. Die Streiks in Danziger Werften entwickelten
sich schnell zu Unruhen im ganzen Land, das sich schon
bald am Rande eines Bürgerkriegs befand.

Preisunruhen in Polen
19. Dezember 1970

Guten Abend, meine Damen und Herren. In dieser Woche
ist es wieder einmal in einem kommunistischen Land, in
Polen, zu schweren Unruhen gekommen, die nur unter
Einsatz brutaler Gewaltmittel unterdrückt werden konnten. Das auslösende Moment sollen die Preiserhöhungen
gewesen sein.

Am Montag, nur zehn Tage vor Weihnachten, haben die
polnischen Behörden starke Preiserhöhungen für alle Lebensmittel, für Textilien und für Brennmaterial angeordnet. Preiserhöhungen, die zwischen zwanzig und neunzig
Prozent liegen, und zwar für jene Güter, die der Mensch
zum täglichen Leben braucht, also für jene Güter, deren
Bezahlung man sofort in der eigenen Tasche spürt. Die
Hausfrauen spüren das, die Arbeiter spüren das. Und das
in einem Land, in dem der Durchschnittslohn zwischen
1.000 und 2.000 Schilling liegt. Die Rechnung wurde
auch sofort quittiert. Die Arbeiter traten in den Aufstand,
zunächst in Danzig, dann in Göttingen, dann in Zoppot,
in Stettin und auch in anderen polnischen Städten.

Es kam zunächst zu friedlichen Demonstrationen. Die Polizei stellte sich gegen diese verbotenen Demonstrationen, es kam zu Straßenschlachten, es kam zu Toten. Zum Schluss wurden wieder einmal Panzer eingesetzt. Aber es wäre falsch, in der Preiserhöhung die Ursache für diese Unruhen zu sehen. Die Preiserhöhungen sind nur eine Folge, die Folge eines schlecht funktionierenden Wirtschaftssystems. Und das funktioniert nicht erst in den letzten Jahren schlecht, sondern bereits seit Jahrzehnten schlecht. Ein Wirtschaftssystem, dem es nicht gelungen ist, die Bedürfnisse der Bevölkerung zu befriedigen. Weil es aber diesem System nie gelungen ist, das zu erzeugen und auf den Markt zu bringen, was die Bevölkerung eigentlich braucht, hat es sich über die reale Wirklichkeit hinweggeschwindelt.

Man hat nämlich die Preise für Lebensmittel immer sehr stark subventioniert, ebenso für bestimmte Kleidung, für Heizung und für Wohnung. Man wollte also der Bevölkerung die Schlechtigkeit dieses Systems nicht vor Augen kommen lassen. Man hat sich hinweggeschwindelt, indem man stark subventioniert hat. Die Preise für die Güter des täglichen Bedarfs wurden künstlich niedrig gehalten. Dafür hat man aber die Preise für alle anderen Konsumgüter, für Waschmaschinen, Staubsauger, Fernsehapparate, alles, was es an teureren Konsumgütern gibt, künstlich hochgehalten und bis zum dreifachen und zehnfachen Preis verlangt. Daher kam es in den Ostblockstaaten auch nie zu einer wesentlichen Erhöhung des Lebensstandards, denn diese Güter konnte man sich einfach nicht leisten.

Die Funktionäre dieses Systems aber haben geglaubt, es wird einen Ausgleich geben. Subventionen für Lebensmittel. Dafür wird man das Geld bei den teureren Konsumgütern hereinbekommen, und es wird einen Ausgleich geben. Die Berechnung war primitiv und daher falsch. Diese [*teuren Luxus-*]Güter blieben einfach liegen. Die Industrie bekam kein Geld, das Geld fehlte für Investitionen, für die Modernisierung, für den Export. Ja, die Industrie begann sich langsam, aber sicher an den Rand des Abgrundes zu bewegen. Das Wirtschaftssystem kam in eine katastrophale Lage.

Und nun hat man in Polen versucht, was man übrigens schon früher in der Sowjetunion versucht hat, nämlich schnell Rettung zu suchen bei einem kapitalistischen Mittel: Preisgerechtigkeit. Alle müssen das zahlen, was die Dinge kosten. Das bedeutete bei den Lebensmitteln rapide Preiserhöhungen und bei den Konsumgütern Preisnachlässe. Aber es sind die Lebensmittel, die man täglich braucht. Die Preise für Lebensmittel spürt man in der Tasche. Und man hat hier zwar kapitalistische Methoden angewendet, aber natürlich nicht in einem freiwirtschaftlichen System und auch ohne jede Kenntnis der Prinzipien eines freiwirtschaftlichen Systems und mit unfähigen Funktionären.

In Wirklichkeit hat man in Polen getan, was der Urkapitalismus im 19. Jahrhundert getan hat, nämlich auf Kosten der Arbeitnehmerschaft, auf Kosten der Ärmsten in der Bevölkerung, einfach Preisgerechtigkeit herbeiführen. Etwas, was man heute in keinem westlichen Staat tut. Und damit wird die Sache hochpolitisch. Denn das zeigt, dass sich die Funktionäre dieses Systems weit vom Volk entfernt haben, dass sie nicht mehr wissen, wie das Volk denkt, was es fühlt, wie es diesem Volk geht. Und die Zeichen sah man ja, die Funktionäre lebten ja in Saus und Braus. Die Funktionäre hatten ihre Sonderläden, wo sie billig und gut einkaufen konnten, sie hatten ihre Autos, sie hatten alle Privilegien.

Es wurden die KP [*Kommunistische Partei*]-Hauptquartiere angezündet, die Polizeistationen gestürmt. Es wurden in erster Linie auch die privilegierten Läden der Funktionäre geplündert. Und das muss man nun wieder in einem Zusammenhang sehen. Im Prinzip ist jetzt in Polen nur wieder geschehen, was schon 1956 in Polen geschah. Aufstand in Polen, 56 Tote, auch damals gegen das starre System der Politik und den Ausschluss davon. Das starre System der Wirtschaft. Volksaufstand, in Ungarn 1956, ebenfalls nicht nur wegen der schlechten wirtschaftlichen Lage, sondern auch wegen dieser Art des politischen Systems, das nicht in der Lage ist, dem Volke zu dienen. Und letzten Endes war der Prager Frühling aus den gleichen Wurzeln genährt. Denn auch in Prag sagte man Wirtschaftsreform. Aber allen war gemeinsam, den Polen, den Ungarn und den Tschechoslowaken, dass man nicht nur die Wirtschaft innerhalb des Systems und innerhalb der Doktrin reformieren kann, sondern es gehört vor allem die Politik reformiert. Es muss wiederum Wettbewerb in der Politik geben. Es müssen mehrere Kandidaten her, dass man die schlechten Funktionäre wegwählen und neue, junge, fähige Kandidaten auf die Posten bringen kann.

Es muss also eine Konkurrenz in der Politik geben. Das Volk muss die Politik kontrollieren können. Daher braucht man Pressefreiheit. Und für die Pressefreiheit braucht man Meinungsfreiheit. Man braucht die Verantwortung der Regierung vor dem Parlament. Man braucht wieder die normalen Bürgerrechte, die Gerechtigkeit in der Justiz. Nur wenn man das alles herstellt, also ein freiheitliches System herstellt, dann kann sich auch das wirtschaftliche System ändern. Das haben Polen, Ungarn und Tschechoslowaken klar erkannt. Sie hätten es vielleicht auch erreicht, diesen Sozialismus mit menschlichem Gesicht. Aber da drohte immer die Besetzung. Und sie kam auch in Ungarn, wie in der Tschechoslowakei. Es kam immer wieder die Niederknüppelung, denn die Funktionäre des alten Systems, die kleben an ihren Sesseln, sie wollen diese Systeme nicht ändern. Sie bleiben aber auf ihren Sesseln in diesen Staaten, weil ja die Besetzung aus einem anderen Land kommt, nämlich aus der Sowjetunion. Die ist die Macht, die dieses System aufrechterhält bei sich zu Hause und daher auch bei ihren Verbündeten in Polen, in der Tschechoslowakei, in Ungarn und in anderen Staaten. Und wenn das nicht funktioniert und wenn sich die Völker dort erheben, dann droht die Besetzung. Wahrscheinlich haben die Polen jetzt auch deshalb so brutal und scharf durchgegriffen, um sich eine russische Besetzung nach tschechoslowakischem Muster zu ersparen und die Lage selbst schnell in die Hand zu bekommen.

Aber im Wesentlichen geht es ja immer wieder um diese Frage: Kann das politische System geändert werden? Man hat längst erkannt, dass es nichts nützt, eine Änderung in den kleineren Staaten herbeiführen zu wollen, sondern dass sich diese Änderung am Zentrum der Macht, in Moskau, selbst vollziehen muss. Nun, die Moskauer selbst haben auch dieselben Probleme. Auch in der Sowjetunion gibt es dieselben Schwierigkeiten in der Wirtschaft und damit auch im politischen System.

Nun, wie gesagt, die Entscheidungen werden nicht in Polen fallen. Dort mögen die Unruhen auch Auswirkungen haben, wie das Ablösen in der Führungsschicht. Die Entscheidung wird in Moskau fallen und höchstwahrscheinlich beim ZK-Plenum im März des nächsten Jahres. Da werden sich die Sowjets mit ihrem Wirtschaftssystem befassen. Werden sie liberalere Kräfte ans Ruder lassen, Kräfte, die das System ändern? Oder wird man auf diese Unruhen wieder reagieren, wie man in all den letzten Jahren reagiert hat, nämlich mit einem Anziehen der Schraube, mit einer Rückkehr zum Stalinismus?

Auf Wiederhören und auf Wiedersehen.

Hugo Portisch analysiert in seinem Beitrag scharfsichtig die Zusammenhänge von Wirtschaft und Politik. Er macht den Zusehern deutlich, dass wirtschaftliche Probleme oft auf politische Entscheidungen zurückgehen und erst durch Veränderungen im politischen System gelöst werden können. Die protestierenden Menschen verlangen nicht bloß eine leistbare Wirtschaft, sie verlangen auch nach Partizipation, Mitspracherecht, Rede, Meinungs- und Pressefreiheit. Das nächste Jahrzehnt sollte zeigen, wie weitsichtig Hugo Portisch die Lage damals bereits analysierte.

Es sollte noch bis 1989 dauern, also knapp zwanzig Jahre, bis Polen die sowjetische Fremdbestimmung endgültig abwarf – doch Aufstände wie jene in Danzig 1970 legten dafür den Grundstein.

Teil II

DER KALTE KRIEG

**Wie die USA und die Sowjetunion
die Welt in Atem hielten**

Der Vietnamkrieg

Nach dem Ende des Zweiten Weltkriegs bildeten sich zwei Großmächte heraus, die um die globale Vorherrschaft stritten: die kapitalistischen USA und die kommunistische UdSSR, der »Westen« gegen den »Ostblock«. Beide Mächte bedrohten einander mit Atomraketen und versuchten, einen direkten Konflikt zu vermeiden. Der Name »Kalter Krieg« für diese Zeit kommt von den zahlreichen Stellvertreterkriegen, die diese beiden Mächte gegeneinander führten.

Einer der bekanntesten ist der Vietnamkrieg. Dem Krieg gingen Jahrzehnte der Instabilität voraus. Das heutige Vietnam (wie die heutigen Staaten Laos und Kambodscha) war seit dem 19. Jahrhundert französisches Protektorat, zusammengefasst unter dem Namen Französisch-Indochina. Die Einwohner Vietnams nutzten die Wirren des Zweiten Weltkriegs, um gegen die Kolonialisten aufzubegehren. 1946 begann der Indochina-Krieg, in dem die kommunistische Gruppe Vietminh gegen die Franzosen und für die Unabhängigkeit kämpfte. Unterstützt wurde sie von Russland und der Volksrepublik China, die eine Möglichkeit sahen, den westlichen Mächten Land streitig zu machen.

Der Indochina-Krieg mündete 1954 in der Konferenz von Genf, in der das heutige Vietnam geteilt wurde: in ein kommunistisches Nordvietnam mit der Hauptstadt Hanoi unter dem Führer Ho Chi Minh und ein vom Westen unterstütztes Südvietnam mit der Hauptstadt Saigon und dem Führer Ngo Dinh Diem.

1955 führten die Bestrebungen, beide Seiten zu vereinen, zu einem Bürgerkrieg. Die für 1956 vorgesehenen Wahlen, in denen Nord- und Südvietnam gemeinsam eine Regierung wählen sollten, wurden vom südvietnamesischen Führer Diem abgesagt, da dieser einen Sieg der nordvietnamesischen Kommunisten fürchtete. Im folgenden Konflikt wurde Nordvietnam von der Sowjetunion und China, Südvietnam von den USA unterstützt. Der Vietnamkrieg begann. Während der Vietcong (eine in Südvietnam operierende kommunistische Kampftruppe) auf Guerilla-Taktiken setzte, griffen die USA ab 1965 mit eigenen Truppen in den Konflikt ein.

Bis 1968 hatte sich der Vietnamkrieg erheblich verschärft. Beide Seiten verzeichneten schwere Verluste, der internationale Druck, den Konflikt zu beenden, wuchs. Im Jänner 1968 starteten die kommunistischen Kräfte im Nordvietnam unter dem Vietcong die sogenannte Tet-Offensive, eine große militärische Kampagne gegen Südvietnam und die US-Streitkräfte. Die kommunistischen Kräfte zeigten dadurch ihre Stärke, die Kriegsopposition in den USA wuchs. Demonstrationen, Proteste und Widerstand gegen den Krieg setzten den damaligen Präsidenten Lyndon B. Johnson unter enormen Druck. Lösungen mussten her, weshalb man sich in Paris traf. Die Pariser Friedenskonferenz sollte zur Entwicklung einer diplomatischen Lösung für diesen Krieg beitragen. Portisch war vor Ort.

Pariser Friedenskonferenz

12. Mai 1968

Nun, meine Damen und Herren, wir müssen uns doch dem Ereignis zuwenden, das von Weltbedeutung ist, und das ist die Vietnamkonferenz. Wie ich schon eingangs sagte, läuft sie zunächst gut, erstaunlich gut sogar. Die amerikanischen Delegierten werden noch nicht geführt von ihrem Delegationschef Harriman, sondern von dessen Stellvertreter Cyrus Vance.

Auch die Nordvietnamesen kamen mit ihren Stellvertretern, als sie hier sich zum ersten Mal zusammensetzen. Auch heute Vormittag gab es etwas, was niemand erwartet hatte. Die beiden Delegationen gingen aufeinander zu und schüttelten sich die Hände. Nun, das ist keine Selbstverständlichkeit, denn Sie wissen, in Vietnam werden zurzeit sehr schwere Kämpfe geführt. Amerikaner bombardieren nach wie vor noch Teile Nordvietnams. Dennoch wird hier ziemlich zivil verhandelt. Man schüttelt sich die Hände.

Man hat sich auch über andere Protokollfragen geeinigt, beispielsweise, und das ist etwas merkwürdig, dass die Vietnamesen die Verhandlungen in vietnamesischer Sprache führen werden, sie sind also sehr bedacht auf Gleichberechtigung, die Amerikaner werden Englisch sprechen. Beide Sprachen werden in Französisch übersetzt, und man hört den Standpunkt der anderen jeweils in Französisch. Es gibt also so etwas wie eine neutrale Sprache hier. Nun, man darf sich keiner Täuschung hingeben. Diese Vorgespräche über das Protokoll laufen also relativ gut. Die großen Hürden kommen erst.

Am Montag beginnt die eigentliche Konferenz mit den Spitzenführern Harriman und auf nordvietnamesischer Seite Xuan Thuy. Man wird hier zunächst einmal schon die Hürde zu nehmen haben, von der ich bereits gestern berichtete, nämlich die Nordvietnamesen werden die sofortige und bedingungslose Einstellung aller amerikanischen Bombenangriffe gegen Nordvietnam fordern. Die Amerikaner sind nicht bereit, diese Einstellung bedingungslos herzugeben. Vielmehr werden die Amerikaner darauf drängen, dass die beiden Parteien ein Moratorium abschließen, demzufolge alle Kampfhandlungen in Vietnam zurückgenommen werden sollen. Also die Bombenangriffe werden sukzessive ganz abgebaut. Nordvietnam soll dafür auch seinen Nachschub nach Südvietnam abbauen. Aber auch die Kämpfe in Südvietnam selbst sollen zurückgenommen werden, sodass man nicht während der Konferenzdauer laufend neue Schlachten und neue Entscheidungen militärischer Art in Südvietnam zu gewärtigen hat.

Das wird schon einmal eine Frage sein, über die man hier sehr lange konferieren muss. Und man glaubt sogar, dass es mehrmals dazu kommen wird, dass die Konferenz unmittelbar vor dem Abbruch stehen wird. Immerhin glaubt man aber, dass man diese Phase noch hinbekommen wird, dass also der Krieg in Vietnam sukzessive zurückgenommen wird.

Die nächste, zweite Phase wird schon viel schwieriger sein. Da wird es nämlich darum gehen: Nun, was machen wir mit dem Krieg in Südvietnam? Der soll nun endgültig aufhören. Waffenstillstand, Frieden. Aber darüber muss man verhandeln. Wird sich Nordvietnam dafür zuständig erklären? Die Nordvietnamesen werden wahrscheinlich sagen: Wir haben mit diesem Krieg nichts zu tun. Das ist ihre alte Haltung. Man wird sie also erst dazu bewegen müssen, auch mit diesem Krieg etwas zu tun zu haben. Dann werden die Nordvietnamesen darauf bestehen, dass die Kommunistische Befreiungsfront, der Vietcong, hierher nach Paris an den Verhandlungstisch kommt.

Die Amerikaner werden darauf bestehen, dass die südvietnamesische Regierung an den Verhandlungstisch kommt. Aber die Südvietnamesen haben erklärt, sie verhandeln nicht mit den Kommunisten, der Vietcong ist eine Terroristenorganisation, man kann sich nicht mit Terroristen an einen Tisch setzen. Andererseits sagen schon die Kommunisten, diese Regierung in Südvietnam ist eine Verräter-Regierung, mit der setzen wir uns nicht an einen Tisch. Das wird also die nächste schwere Phase sein. Immerhin glaubt man, auch da wird es einen Kompromiss geben.

Zum Schluss werden eben alle an einem Tisch sitzen, und man wird in die letzte Phase gehen. Nämlich, was geschieht mit dem Krieg und mit der Regierung in Südvietnam? Die Kommunisten werden darauf bestehen, dass sie von Anfang an eine echte Beteiligung an der südvietnamesischen Regierung haben, also in einer Koalition sitzen und zwar entscheidende Posten innerhalb dieser

Koalition besetzen, damit sie auch, bevor der Kampf eingestellt wird, schon auf die innenpolitischen Verhältnisse Einfluss nehmen können.

Das wird Südvietnam strikt ablehnen. Die Südvietnamesen haben immer wieder betont, dass sie in keine Koalitionsregierung mit den Kommunisten gehen wollen. Die Amerikaner werden in der letzten Phase versuchen, die Kommunisten zu bewegen, freien Wahlen in Südvietnam zuzustimmen. Das könnte auch die südvietnamesische Regierung annehmen. Und erst aufgrund der Resultate dieser freien Wahlen sollte eine Koalitionsregierung gemacht werden. Ob die Kommunisten freie Wahlen tatsächlich akzeptieren, wie man sie zustande bringt, wie sie durchgeführt werden sollen und was ihr Ergebnis dann sein wird und ob dieses Ergebnis auch von beiden Seiten anerkannt wird, das bleibt dahingestellt.

Sie sehen, meine Damen und Herren, hier in Paris steht den Delegierten noch ein langer und mühevoller Weg bis zum Frieden bevor. Hoffen wir, dass man diesen Weg gehen kann.

Ich darf mich verabschieden. Auf Wiederhören und auf Wiedersehen.

Die Friedenskonferenz sollte sich noch über Jahre ziehen. Die Hauptakteure waren Vertreter der USA, Südvietnams, Nordvietnams und später auch des Vietcong. Die Verhandlungen waren komplex und oft durch politische und militärische Ereignisse und Entwicklungen beeinflusst. Zentrale Streitpunkte der Verhandlungen waren vor allem der

Rückzug der US-Truppen, die künftige politische Ordnung Südvietnams und der Austausch von Kriegsgefangenen.

Es sollten weitere drei Jahre vergehen, ehe sich die südvietnamesischen Truppen zurückzogen.

Rückzug der südvietnamesischen Armee
24. März 1971

Guten Abend, meine Damen und Herren. Will man die Lage in Indochina etwa nach den Bildberichten beurteilen, die uns die amerikanischen Kameramänner ins Haus schicken, dann hat die südvietnamesische Aktion versagt. Dann befinden sich die südvietnamesischen Truppen auf panikartiger Flucht. Glaubt man etwa den amerikanischen Generälen in Südvietnam, und offenbar scheint ihnen auch Präsident Nixon voll zu glauben, dann war das Unternehmen sehr erfolgreich. Dann ist doch sehr viel von dieser Aktion geglückt.

Nun, die eigene Beurteilung erzielt man wahrscheinlich am besten dadurch, dass man die ursprüngliche Zielsetzung mit dem vergleicht, was als Resultat zumindest vorderhand sichtbar ist. Ursprünglich sind die südvietnamesischen Truppen, 20.000 Soldaten an der Zahl, nach Laos eingedrungen, um dort den Ho-Chi-Minh-Pfad, also jenes System von Nachschubwegen, die von Nordvietnam nach Südvietnam führen, zu unterbrechen, den kommunistischen Nachschub zu unterbrechen, dafür zu sorgen, dass jene kommunistischen Verbände, die in Südvietnam operieren, eben nicht genügend Munition und Verpflegung erhalten.

Darüber hinaus sollten die Südvietnamesen den Feind an Ort und Stelle binden, sehr starke feindliche Kräfte dort zum Einsatz bringen, damit die Kommunisten in der kommenden Regenzeit nicht zu einer neuen Offensive gegen Südvietnam antreten können. Und diese Zeit, diese Atempause würde man dringend benötigen, um erstens die südvietnamesische Armee auszurüsten, sie zu vietnamisieren, den Krieg zu vietnamisieren, zweitens den Amerikanern mehr Zeit zum Rückzug zu geben und auch das Land zu befriedigen, also zu pazifizieren, wie es heißt. Darüber hinaus sollten die südvietnamesischen Soldaten gerade in Laos zeigen, dass sie bereits die Kampfkraft und die Kampfmoral besitzen, sich allein dem Gegner zu stellen, nur noch mit amerikanischer Luftunterstützung, sodass der Abzug der Amerikaner plausibler wird, ja dass er überhaupt erst militärisch eingeleitet werden kann.

Nun, wenn man diese Zielsetzung mit dem betrachtet, was die Südvietnamesen in Laos erzielt haben, dann weiß man schon, dass diese Aktion bestenfalls nur halb geglückt ist. Der Nachschub wurde bei weitem nicht so unterbrochen, wie es ursprünglich in den Zielen stand, denn die südvietnamesischen Soldaten drangen nicht genügend weit vor, und sie blieben nicht lange genug. Sie hätten mindestens vier bis sechs Wochen länger bleiben müssen. Aber eines ist ihnen zweifellos gelungen: Die Nordvietnamesen, die Kommunisten, haben ungeheuer starke Kampfverbände eingesetzt, um gerade diese Aktion der Südvietnamesen zu durchkreuzen. Es ist in Südvietnam alles völlig ruhig geblieben. Die Kommunisten waren offenbar nicht imstande, außer dieser großen Schlacht noch irgendwo anders zu kämpfen.

Als die Laos-Aktion der Südvietnamesen begann, da verkündete man in Saigon: »Jetzt können wir einfach alles! Die südvietnamesische Armee ist stark, sie ist stärker als der Feind. Sie hat sich leisten können, in Kambodscha einzumarschieren. Jetzt leistet sie es sich, nach Laos zu marschieren, und wir können letzten Endes sogar eine Invasion in Nordvietnam durchführen. Es wird jedenfalls nicht mehr so sein, dass wir nur noch auf den Feind warten. Wir werden selbst zuschlagen.«

Das hat große Hoffnungen jedenfalls in Südvietnam und in jenen Kreisen erweckt, die noch immer an einen Sieg der südvietnamesischen Sache geglaubt haben. Und in Washington hat man diesen Eindruck noch verstärkt, indem man meinte: »Diese Laos-Aktion beweist, dass die Amerikaner vielleicht noch viel schneller abziehen können, als es ursprünglich geplant ist.« Und nur betrachtet anhand dieser beiden Ankündigungen in Saigon und in Washington wird der Rückzug, der etwas überstürzte Rückzug der Südvietnamesen aus Laos, zu einer psychologischen Niederlage.

Jedenfalls hat man jetzt neue Aufrufe Hanois in den Taschen gefallener Soldaten gefunden, in denen es heißt: »Kämpft weiter, haltet durch«, obwohl es in diesem Krieg weder Sieger noch Besiegte geben wird. Das wäre zum ersten Mal, wenn das stimmt, dass Nordvietnam zu einer solchen Erkenntnis kommt. Und sie ist vielleicht verständlich. Denn die Südvietnamesen haben hier gelernt: Wir können doch nicht so, wie wir gehofft haben. Aber vielleicht haben das Gleiche auch die Nordvietnamesen gelernt, und das würde, wenn diese Einsicht jetzt auch in Hanoi und Saigon greift, vielleicht doch den Weg zu einer politischen Einigung in Vietnam ebnen.

Auf Wiederhören und auf Wiedersehen.

Im Jahr 1971 veröffentlicht die *New York Times* eine Reihe streng geheimer Dokumente, die auch als Pentagon-Papiere bekannt sind. Es handelte sich dabei um umfangreiche interne Untersuchungen des Verteidigungsministeriums über die Beteiligung Amerikas am Vietnamkrieg. Ihre Aufdeckung ging mit vielen Konsequenzen einher.

Einerseits zeigten sie, dass die US-Regierungen, von Präsident Harry S. Truman bis hin zu Lyndon B. Johnson, die Motive und den Umfang der US-Intervention im Vietnam verzerrt hatten. Die Regierungen hielten anscheinend bewusst Informationen über die Kriegsaussichten und -strategien unter Verschluss, sie führten intensiver Krieg, als öffentlich bekannt war. Außerdem deckten die Dokumente auf, dass die US-Regierung offenbar schon früh erkannte, dass dieser Krieg nur schwer zu gewinnen wäre. Trotzdem führte sie ihn fort. Die Enthüllungen durch die *New York Times* zerstörten das Vertrauen der Öffentlichkeit in die Regierung und heizten den Protest gegen den Vietnamkrieg weiter an.

Gleichzeitig stellte sich die Frage, ob die *New York Times* diese Dokumente mit Recht veröffentlichte. Diese Frage ging bis an den obersten Gerichtshof, wo allerdings zugunsten des Mediums entschieden wurde. Die Zeitung gewann diesen Rechtsstreit um die Pressefreiheit, wie Hugo Portisch erläuterte.

Veröffentlichungen von Geheimdokumenten
19. Juni 1971

Guten Abend, meine Damen und Herren. Die Veröffentlichung der Vietnam-Geheimdokumente durch die *New York Times* hält nicht nur die USA, sondern die ganze Welt in Atem. So etwas hat es in der Geschichte überhaupt noch nie gegeben. Während ein Staat Krieg führt, wird bereits alles, was es an Geheimdiplomatie, an Absprachen mit anderen Regierungen, an Befehlen des Präsidenten an seine Minister, an Befehlen an das Militär, an militärischen Vorbereitungen, an der Kriegsführung selbst gegeben hat – all das wird bereits der Öffentlichkeit und sogar der Weltöffentlichkeit vorgelegt.

Nun, in Europa würde man meinen, das sei Hochverrat. In Amerika stimmte der Senat, also die oberste Stelle des Parlaments, geschlossen dafür, dass die *New York Times* und andere amerikanische Zeitungen das Recht haben, diese Dokumente abzudrucken. 7.000 Seiten Geheimdokumente, insgesamt 43 Bände. Nun, meine Damen und Herren, die Welt steht hier vor einem doppelten Phänomen. Zunächst sieht sie eine Großmacht, die einen kleinen Krieg geführt und diesen Krieg bisher nicht gewonnen hat und ihn wahrscheinlich auch nicht mehr gewinnen wird. Und sie sieht jetzt darüber hinaus, dass sich diese Großmacht auch noch selbst zerfleischt.

Man fragt sich: Wie war das alles möglich?

Hugo Portisch live aus dem »Zeit-im-Bild«-Studio

Nun, beide Phänomene, der nicht gewonnene Krieg und die Selbstzerfleischung der Amerikaner, stammen aus einer Wurzel. Diese Wurzel ist in der Indochina-Konferenz des Jahres 1954, der Konferenz über den Indochinakrieg und den Koreakrieg, an der neben den Kriegsparteien im Indochinakrieg, Frankreich und den Vietminh, auch das Vereinigte Königreich, die Sowjetunion, die Vereinigten Staaten und die Volksrepublik China teilnahmen, zu suchen. Damals, wir erinnern uns, haben die Franzosen eine Niederlage in Indochina bei der Schlacht um Dien Bien Phu erlebt und haben daraufhin beschlossen, aus Indochina abzuziehen.

Es kam zu dieser Indochina-Konferenz in Genf, und dabei wurde beschlossen, dass Vietnam geteilt wird in ein kommunistisches Nordvietnam und in ein freies Südvietnam. Allerdings beschloss man auch, dass Wahlen abgehalten werden sollten – in beiden Teilen Vietnams. Und wenn diese Wahlen den Vereinigungswunsch der beiden Hälften ergeben sollten, dann müsste das Land wieder vereinigt werden.

Aber der damalige amerikanische Außenminister John Foster Dulles, der misstraute den Kommunisten. Er meinte, käme es zu solchen Wahlen, dann würden die Kommunisten im Norden dafür sorgen, dass hundert Prozent der Bevölkerung für die Wiedervereinigung sind. Wenn dann auch nur zehn Prozent im Süden auch für die Wiedervereinigung stimmen, dann haben die Kommunisten auch den Süden in der Hand. Und Dulles hatte doch die Philosophie, keinen Fußbreit Boden in der Welt den Kommunisten zu überlassen. Da aber die Indochina-Konferenz dieses Land ja sozusagen neutralisiert hatte, konnte John Foster Dulles, was er sonst immer getan hat, Südvietnam nicht einpacken in ein Militärbündnis. Er konnte also nicht den offiziellen Schutz der Amerikaner für dieses Land erklären, konnte Südvietnam nicht in einen Pakt hereinbringen. Er hat es daher geheim getan. Er hat der südvietnamesischen Regierung gesagt: Wenn ihr angegriffen werden solltet, werden wir euch schützen. Und das erweist sich heute als der prinzipielle Fehler im Vietnamkrieg. Aus diesem Fehler ist nun alles resultiert, was wir heute in Amerika sehen. Denn was ist passiert? Da die Kommunisten geglaubt haben, Südvietnam ist nicht von Amerika geschützt, kann man es angreifen. Man kann es sich holen. Noch dazu, wo sie erwartet hatten, dass Wahlen Südvietnam sowieso bringen. Nun gibt es keine Wahlen. Holen wir es uns. Wir verstoßen damit nicht unmittelbar gegen die Sicherheitsinteressen Amerikas. So begann der Krieg.

Dann gab es den Krieg. Da sagte die südvietnamesische Regierung zu Amerika: »Jetzt schützt uns auch!« Aber dem eigenen Volk und der Weltöffentlichkeit hatten die Amerikaner bisher nicht gebeichtet, dass sie solche Schutzversprechungen abgegeben hatten. Infolgedessen mussten sie ihren Schutz ebenfalls heimlich einführen, militärische Berater ausbilden, geheime Fliegerkommandos und so weiter, bis die USA mittendrin waren.

Die Kommunisten meinten: Machen wir schnell, erobern wir Südvietnam, bevor die Amerikaner ganz da sind. Der Druck wuchs, die Amerikaner mussten eingreifen, und sie erfanden den sogenannten Tonkin-Zwischenfall, den angeblichen Angriff nordvietnamesischer Torpedoboote gegen amerikanische Kriegsschiffe, um nun mit der ganzen Armee nach Südvietnam zu gehen. Aber noch immer konnten sie den Krieg nicht erklären, denn es handelte sich ja nur um eine Polizeiaktion. Sie wollten noch immer nicht zugeben, dass sie hier Verpflichtungen haben. Der nichterklärte Krieg aber, der hat es in sich gehabt. Da man den Krieg nicht erklärt hat, konnte man Nordvietnam nicht entscheidend angreifen, musste also die kommunistischen Basen intakt lassen, musste das kommunistische Regime intakt lassen. Damit war eigentlich ein Sieg in diesem Krieg nicht mehr zu erzielen. Aber darüber hinaus hat man auch sonst nichts machen können.

Die Wirtschaft in Amerika konnte man nicht mit Kriegsgesetzen steuern. Daher gab es Rohstoffmangel, Inflation, die Schwächung des Dollars. All das, weil man keine kriegswirtschaftliche Gesetzgebung einführen konnte.

Darüber hinaus gab es eines nicht: Es gab keine Pressezensur. Das erwies sich als der schwerste Fehler, denn nun fand der Krieg praktisch in jedem amerikanischen Wohnzimmer statt. Die Fernsehteams der amerikanischen Rundfunkgesellschaften brachten jede Kampfhandlung in das Wohnzimmer der Amerikaner. Väter und Mütter sahen, wie ihre eigenen Söhne starben. Die ganze Grausamkeit des Krieges wurde gezeigt, und die Opposition in der Bevölkerung wuchs. Weil es auch keine Kriegserklärung gab, fragte sich die Jugend: Weshalb müssen wir denn da einrücken in einen Krieg, den es gar nicht gibt? Es gab Schwierigkeiten zwischen der Regierung und der

Jugend. Es gab darüber hinaus die Nervenmühle, durch die das ganze amerikanische Volk durchgegangen ist, den dauernden Verrat militärischer Operationen, denn jeder Reporter konnte berichten, ohne Zensur, was er wollte.

Und das, meine Damen und Herren, hat zu dieser großen Kluft im amerikanischen Volk geführt, zur dauernden Kritik an den amerikanischen Präsidenten, die nun den Krieg auch nicht mehr so führen konnten, wie er eigentlich geführt hätte werden sollen. Denn sie standen ja unter der Kritik der Öffentlichkeit, unter der Beobachtung. Sie mussten also wiederum Zuflucht nehmen zu geheimen Abmachungen, zu geheimen Truppenentsendungen. All das hat also dazu geführt, dass die Amerikaner a) den Krieg nicht gewinnen konnten, und b) dass es zu einer Selbstzerfleischung des Volkes gekommen ist.

Die *New York Times* meint nun ebenfalls, da es kein Krieg ist, gibt es keine Geheimdokumente. Man kann veröffentlichen, man muss vor allem diese Politiker und diese Militärs zur Verantwortung ziehen für jetzt und für die Zukunft, damit eine nächste amerikanische Regierung solche Fehler nicht mehr macht. Eines kann man den Amerikanern nicht vorwerfen. Sie sind konsequent. Als sie nach dem Zweiten Weltkrieg in Nürnberg zu Gericht saßen über die deutschen Generäle und Politiker, da sagte man nur, die Sieger sitzen zu Gericht über die Besiegten. Heute sitzt die gesamte amerikanische Nation zu Gericht, über ihre eigenen Politiker und über ihre eigenen Militärs. Sie glauben, damit vor der Geschichte eine Rechtfertigung zu finden. Die Ehre der Nation werde in der Geschichte wieder reingewaschen werden. Aber der Schaden, der zurzeit dadurch angerichtet wird, ist unermesslich.

Welche fremde Regierung kann sich noch darauf verlassen, dass geheime Abmachungen mit den Amerikanern auch geheim bleiben werden? Welcher Präsident kann noch geheime Absprachen mit seinen Ministern treffen, geheime Befehle geben? Welches Militär in Amerika wird noch Befehle der Regierung unangetastet weiterleiten? Welcher Beamte? Und sogar der Verrat ist nicht sanktioniert worden, denn die Dokumente sind ja jetzt den Zeitungen zur Verfügung gestellt worden, ohne dass man sagt »Hochverrat«. Wenigstens vorläufig sagt man das noch nicht. Der Schaden ist also unübersehbar, und die Folgen bleiben noch abzuwarten.

Auf Wiederhören und auf Wiedersehen.

Offiziell endete der Vietnamkrieg am 30. April 1975. Den Nordvietnamesen gelang die Eroberung von Saigon, der Hauptstadt Südvietnams. Dieser Tag ging als »Fall von Saigon« in die Geschichte ein und markiert den Untergang Südvietnams. Ein wichtiger Schritt zu diesem Kriegsende war ohne Frage das Pariser Friedensabkommen aus dem Jahr 1973.

Am 2. Juli 1976 wurde Vietnam offiziell wiedervereinigt. Die sozialistische Republik Vietnam war geboren.

Ein kleiner Schritt für die Menschheit ...

Am 20. Juli 1969 betraten die US-Astronauten Neil Armstrong und Edwin »Buzz« Aldrin im Zuge der Mission Apollo 11 als erste Menschen den Mond. Damit war das jahrzehntelange »Space Race« zwischen den Großmächten Sowjetunion und USA zu Ende gegangen. Beide Mächte wollten beweisen, dass sie technisch und militärisch überlegen waren. Dieser Wettkampf, der viel Geld verschlang und zu einem populärkulturellen Science-Fiction-Boom führte, war zugunsten der USA entschieden worden.

Das Interesse an der Raumfahrt sank daraufhin. Bei der Mission Apollo 13 kam es zur Explosion eines Sauerstofftanks, woraufhin lange nicht klar war, ob die Astronauten auf die Erde würden zurückkehren können. Weithin bekannt wurde der Funkspruch des Astronauten Jim Lovell an den Raketenstützpunkt in Houston: »Houston, we've had a problem.« (Meist übersetzt als: »Houston, wir haben ein Problem.«) Nach einer dramatischen Rettungsaktion landeten die Piloten sicher im Pazifik.

Rüstung und
Weltraumforschung

18. April 1971

Guten Abend, meine Damen und Herren. Als die Amerikaner und die Sowjets im Juli 1969 zum ersten Mal zusammentreten sollten, um über eine Beschränkung der strategischen Rüstung zu verhandeln, da flog Apollo 11, ein amerikanisches Raumschiff, zum Mond, und zum ersten Mal betrat ein Mensch den Mond. Ein Amerikaner.

Die Konferenz zwischen den Amerikanern und den Sowjets über die Beschränkung der Rüstung kam damals nicht zustande. Dafür kam sie im November 1969 zustande, in Helsinki. Die erste Unterredung zwischen Amerikanern und Sowjets und gerade als Amerikaner und Sowjets in Helsinki zusammentraten, flog Apollo 12 zum Mond. Und zum zweiten Mal betraten die Amerikaner diesen Trabanten der Erde. Als jetzt Amerikaner und Sowjets in Wien zur zweiten Runde der Rüstungsbeschränkungskonferenz zusammentraten, flog Apollo 13 zum Mond, und zum dritten Mal sollten Amerikaner den Mond betreten.

Meine Damen und Herren, vielleicht ist das alles nur ein reiner Zufall. Ein reiner Zufall, dass die erste Mondmission starten sollte, als Amerikaner und Sowjets Rüstungsbeschränkungen zu verhandeln beginnen wollten. Und ein reiner Zufall, dass Apollo 12 und 13 gerade dann starteten, als wiederum derartige Konferenzen stattfanden. Aber eines ist sicherlich kein Zufall: dass diese Weltraummissionen der Amerikaner wie der Sowjets ganz bestimmt zwei Dinge für ihre Länder bringen.

Erstens wertvolle Erkenntnisse auf dem Gebiet der Raketenrüstung, damit der strategischen Rüstung. Denn die Raketenrüstung ist eine Weltraumrüstung. Interkontinentalraketen haben in den Weltraum zu fliegen, um ihre nuklearen Sprengköpfe in das Land des Gegners zu tragen. Also alles, was man auf dem Gebiet des Weltraumfluges entwickelt, die Steuerungsmechanismen, die neuen Materialien, alle Erfahrungen, die man im Weltraum macht, die kommen auch der Rüstungsindustrie, und zwar der strategischen Rüstungsindustrie zugute.

Zweitens aber haben die Weltraumprogramme beider Supermächte immer schon zum nationalen Prestige der beiden Staaten beigetragen. Erinnern wir uns nur daran, wie Nikita Chruschtschow nach dem ersten sowjetischen Sputnik in der ganzen Welt aufgetreten ist. Als die Sowjets die erste unbemannte Rakete direkt auf den Mond schossen und dort sowjetische Wimpel ausstreuten. Wie Chruschtschow diese Wimpel bei jedem Staatsbesuch mitgenommen hat und sie damals dem amerikanischen Präsidenten und dem französischen Präsidenten ausgehändigt hat, wie er an alle Staatsleute Botschaften sandte und die Sowjetpresse und die Sowjetmassenmedien verkündeten: Das ist ein Beweis, dass unser System, das kommunistische System, dem westlich-kapitalistischen bei weitem überlegen ist. Die Wissenschaft triumphiert in unserem System.

Nun, meine Damen und Herren, man kann auch annehmen, dass diese Weltraumflüge damals Nikita Chruschtschow auch daheim sehr geholfen haben. Seine Stellung im Kreml, in der sowjetischen Führerschaft ist wesentlich gefestigt worden, weil diese Raumflüge in der Zeit seiner Regierung so gut gelungen sind, obwohl sie schon längst vorher vorbereitet waren.

Wenn wir nun das amerikanische Weltraumprogramm betrachten, so sehen wir ein ähnliches Phänomen. Auch Präsident Kennedy verkündete das große Programm: Der erste Mensch, der auf dem Mond landet, müsste ein Amerikaner sein. Und zwar möglichst bald zu einem Zeitpunkt, da die amerikanisch unterstützte Invasion auf Kuba scheiterte, da die Russen mit Sputnik und mit ihren Weltraumflügen scharf auftrumpften. Damals hat Kennedy dieses große Weltraumprogramm ins Leben gesetzt, und es war klar, dass er damit den Prestigegewinn der anderen Supermacht, der Sowjetunion, paralysieren wollte. Und jeder Weltraumtriumph der einen oder der anderen Macht ist auch politisch und prestigemäßig in der ganzen Welt ausgewertet worden. Wir sehen also, dass diese Weltraumflüge sehr wohl auch ein Instrument der Politik und ein Instrument der Rüstung sind.

Nun, meine Damen und Herren, das geht einerseits für positive Zwecke, wenn man Propaganda als positiv ansieht und Rüstung als positiv ansieht. Das kann natürlich auch einmal negativ ausgehen, wenn nämlich die Politik ihr Interesse an solchen Weltraumflügen verliert.

Und damit sind wir schon bei der Apollo-13-Mission. Bei dieser Mission ist etwas schiefgegangen. Wir wissen, dass es an Bord des Raumschiffes Apollo 13 zu einer Katastrophe gekommen ist, die noch viel ärger hätte ausgehen können. Nämlich dann, wenn sie das Leben dieser drei Astronauten gekostet hätte. Man meint, das könnte ein Zufall sein. Ein Meteorit könnte eingeschlagen haben, obwohl die Fachleute dieser Version nicht anhängen. Oder aber eine Materialmüdigkeit könnte sich eingestellt haben. Schließlich sind die Amerikaner 22-mal in den Weltraum geflogen. Nie ist etwas passiert. Einmal musste es ja geschehen. Aber wenn man einem Computer alle Fakten, die heute der NASA bekannt sind, füttern würde und wenn der Computer auch in der Lage wäre, menschliche Gefühle und menschliche Überlegungen in sein Zahlenprogramm aufzunehmen, dann würde er wahrscheinlich als Resultat auf den Tisch legen: So etwas musste beinahe passieren, wenn man weiß, was mit der NASA in den letzten Monaten geschehen ist. Denn Mondflüge sind unattraktiv geworden, nachdem der erste Amerikaner am Mond war. Nachdem man diese Mission einmal wiederholt hat, bringen sie nicht mehr sehr großes politisches Prestige. Sie bringen auch keine sehr neuen Erkenntnisse mehr für die Rüstungsindustrie.

Kurz, für den amerikanischen Präsidenten, für die Regierung in Amerika, sind sie bei weitem nicht mehr von der Bedeutung wie etwa der Sputnik für Chruschtschow war oder das Apollo-Programm für Kennedy und Johnson gewesen ist. Daher hat diese Regierung in Amerika starke Einsparungsmaßnahmen für das Programm angeordnet.

Meine Damen und Herren, all das geht jetzt durch die Köpfe der Amerikaner. Ein Senatsausschuss hat beschlossen, ein Verhör, ein hochnotpeinliches Verhör, anzustellen. Was sind die eigentlichen Ursachen für dieses Apollo-Unglück? Was steckt dahinter? Nämlich auch die politischen Erwägungen und die Erwägungen nach allen Richtungen. Fünf Monate wird dieses Verhör dauern. Wir wissen noch nicht, was dabei herauskommen wird, aber alle diese amerikanischen Positionen werden durchdacht werden, und man wird sich sagen, man hat gespart bei diesem Weltraumprogramm. Weshalb? Weil man einen Krieg in Vietnam führt, weil die strategische Rüstung siebzig Milliarden US-Dollar im Jahr verschlingt und man jeden Groschen dafür braucht. Man hat gespart, weil man meint, die Probleme auf der Erde und in Amerika selbst sind zuerst zu lösen, und deshalb kann man sich das alles nicht mehr leisten.

Nun, meine Damen und Herren, hier führt der Weg direkt wieder nach Wien zu den SALT-Gesprächen, zu den Rüstungsbeschränkungsgesprächen. Wenn die beiden Großmächte sich nicht auf eine Beschränkung dieser strategischen Rüstung einigen können und enorme Beträge in diese Rüstung – die an sich ja völlig unnütz ist, weil sie nur der Abschreckung dient – wenn man also diese enormen Beträge nicht einsparen wird können, dann wird man sich vieles auf dieser Erde nicht mehr leisten können, was notwendig ist. Unter anderem auch solche Programme wie Apollo. Aber die Weltraumfahrt wird sich eines Tages als so notwendig herausstellen, wie es die Luftfahrt gewesen ist.

Auf Wiederhören und auf Wiedersehen.

Einstellung der
bemannten Weltraumfahrt

31. Juli 1971

Als der Rover-Wagen vom Mond vor unseren Augen ab-
gerollt ist, war viel mehr getan als mit jenem kleinen
Schritt, mit dem die Astronauten des ersten Mondfluges
ihr Abenteuer begonnen haben. Das war bereits eine große Expeditionsreise, und sie erinnerte schon sehr an jene
Entdeckungsfahrten auf der Erde, bei denen die Forscher
in unbekannte Erdteile vorgestoßen sind. Nur diesmal
müssen wir nicht darauf warten, bis diese Forscher mit
ihren Berichten zur Hand sind. Diesmal war die ganze
Menschheit über das Fernsehen mit dabei, hat es miter-
lebt. Es ist jedenfalls wieder Großartiges, Neues, gelungen
auf dem Mond.

Und doch wissen wir bereits, dass die Apolloflüge zu
Ende gehen. Nur noch zwei Missionen werden zum Mond
gehen, nur noch zweimal wird man zum Mond fliegen,
dann ist das Apollo-Programm eingestellt. Die meisten Wissenschaftler und Techniker in Houston, in jener
Raumstation, in jenem rauen Zentrum, das Sie heute auch
schon so oft gesehen haben, sind bereits gekündigt und
müssen auf Arbeitssuche gehen. Vielleicht hat sich auch
das widergespiegelt, wenn Sie in diesen Raum, in dieses
Kontrollzentrum hineingesehen haben, da haben Sie vielleicht ein wenig den fehlenden Enthusiasmus bemerkt.
Und doch ist es ganz verständlich, denn diese Flüge zum
Mond waren eigentlich als ein Wettlauf gedacht.

Hugo Portisch kommentiert die Entwicklungen in der Weltraumforschung

Nun, diesen Wettlauf haben die Amerikaner eindeutig gewonnen. Aber da jetzt Amerikaner auf dem Mond spazieren gehen, so fahren aber auch schon die Sowjets oben auf dem Mond spazieren mit einem unbemannten Auto. Und die Sowjets haben mittlerweile andere Weltraumexperimente sehr erfolgreich zu Ende gebracht. Jedenfalls haben nicht nur die beiden Supermächte erkannt, sondern mit ihnen auch die ganze Menschheit: dass die beiden Supermächte jetzt einander schon die Waage halten in ihren Weltraumexperimenten.

Es ist das Prestige und der Ruf beider Mächte nicht mehr in Zweifel zu ziehen. Und deshalb kommen jetzt andere Dinge zum Tragen, nämlich die Frage zum Beispiel, was das alles kostet. Und sowohl die Amerikaner und erst recht die Sowjets können sich diese großen Prestige-Weltraum-Experimente kaum noch leisten. Es werden also die Experimente auf das zurückgenommen, was sie eigentlich von Anfang an hätten sein sollen: eine konstante Erforschung des Weltraums, aber nicht mehr beladen mit den enormen Vorstößen zum Zwecke der Aufrechterhaltung des Prestiges oder gar eines militärischen Vorsprungs. Das hat eine Parallele auf der Erde. Denn nicht nur in den Weltraumexperimenten haben die Großmächte erkannt, dass sie jetzt sparen müssen, sondern auch in ihrer militärischen Rüstung. Und sie wissen ja: Amerikaner und Sowjets sitzen beisammen, auch jetzt gerade wieder in Helsinki, um darüber zu beraten, wie man die Raketen und Atomrüstung beschränken kann. Diese Besprechungen in Helsinki gehen ebenso erfolgreich weiter, wie sie zuvor in Wien gelaufen sind. Und man kann schon in Kürze damit rechnen, dass eine gewisse Beschränkung der Raketen und Atomrüstung erzielt werden wird.

Also auch hier nehmen die beiden Supermächte ihre Ausgaben für eine nahezu schon unsinnig gewordene militärische Rüstung in Kauf. Und sie wollen zurückschrauben auf das, was noch erträglich ist. Und es wird noch eine Zeit lang dauern, bis man diese Rüstung auch wieder abbaut. Aber beide haben erkannt: Gewaltsame Vorstöße unter großen Anstrengungen zahlen sich nicht mehr aus. Das Gleichgewicht kann nur noch kurzfristig aus dem Gleichgewicht gebracht werden, dann pendelt sich das alles wieder ein. Man ist wieder gleich stark im Weltraum. Allerdings gibt es gegenüber den militärischen Rüstungsbesprechungen unter Umständen noch eine andere Hoffnung: die Hoffnung darauf, dass beide Supermächte erkennen, dass man jetzt zusammenarbeiten muss, dass es unsinnig ist, dass jede der Supermächte so viel Geld für die weiteren Experimente ausgibt. Anzeichen dafür gibt es bereits.

Amerikaner und Sowjets haben darüber gesprochen, ihre Kopplungssysteme, die Kopplungssysteme ihrer Weltraumschiffe, zu vereinheitlichen, sodass sie ihre Schiffe aneinanderkoppeln können, zunächst einmal als Hilfsaktion für in Not geratene Astronauten gedacht. Später aber könnten auch die Experimente einfach zusammengelegt werden. Und knapp bevor die Amerikaner zum Mond geflogen sind, haben die Sowjets ihnen signalisiert: »Achtung, ihr könnt ruhig auf den Mond fliegen. Unsere Kosmonauten sterben an einem technischen Fehler, nicht an dem langen Aufenthalt im Weltraum.« Das war eine entscheidende wissenschaftliche Hilfe der Sowjets für die Amerikaner. Die Amerikaner revanchierten sich jetzt. Als sie auf dem Mond landeten, haben sie den nächsten Krater Salut genannt, im Gedenken an die drei toten Sowjet-Kosmonauten.

Es zeichnet sich also hier eine Verständigung und später vielleicht sogar eine Zusammenarbeit ab. Vernunft im Weltraum, hoffentlich. Vielleicht auch bald Vernunft auf der Erde.

Auf Wiederhören und auf Wiedersehen.

Hugo Portisch schafft es in seinen Beiträgen über die Raumfahrt aus den Weltraumflügen der Amerikaner und der Sowjets Sinnbilder für den sinnlosen Wett- und Machtkampf der Großmächte zu zeichnen.

Seit Ende des Kalten Kriegs ging es in der Weltraumfahrt tatsächlich überwiegend um Forschung. Sonden wie die Voyager 1977 wurden ins Weltall geschickt, um Daten zu sammeln. Die ersten Bilder des bisher leistungsstärksten Weltraumteleskops, des James-Webb-Weltraumteleskops, wurden 2022 der Öffentlichkeit präsentiert und lassen auf neue Erkenntnisse über die Entstehung und Veränderung des Universums hoffen.

Doch in den letzten Jahren hat der Wettkampfcharakter von Weltraumprojekten wieder zugenommen. Milliardäre wie Elon Musk (Tesla) oder Jeff Bezos (Amazon) konkurrieren darum, wer zuerst Raumfahrt als teures Tourismusprodukt anbieten kann. Zudem spielen Überlegungen mit ein, fremde Planeten zu kolonisieren, sollte die Erde eines Tages unbewohnbar werden. Die Wissenschaft hält diese Pläne für unrealistisch. Klüger wäre es wohl, wie es Hugo Portisch formulierte, die Vernunft auf der Erde zu verteidigen, um unseren Heimatplaneten zu bewahren.

Die SALT-Konferenz: Zehn Jahre verhandeln für den Frieden

Nach dem Ende des Zweiten Weltkriegs hielt der Kalte Krieg zwischen den beiden Großmächten USA und Sowjetunion die Welt in Atem. Zwei politische Systeme kämpften um die globale Vorherrschaft, und beinahe jedes Land der Welt zählte sich entweder zum »Westen« oder sah sich als Teil des »Ostblocks«. Nicht nur wurden zahlreiche Stellvertreterkriege geführt, etwa in Vietnam, Korea oder Afghanistan, die beiden Supermächte lieferten sich auch einen Rüstungswettkampf und schreckten sich gegenseitig mit den Drohungen von Atombombeneinsätzen ab.

Spätestens nach der Kubakrise 1962, als eine direkte militärische Konfrontation zwischen den USA und der Sowjetunion zum Greifen nah schien, begannen immer mehr Stimmen, die Abrüstung beider Seiten zu fordern.

Erste Gespräche zu diesem Zweck waren die *Strategic Arms Limitation Talks*, kurz SALT. Sie starteten 1969 zwischen den USA und der UdSSR. Man wollte sich, um einen Nuklearkrieg zu vermeiden, auf eine Einschränkung der nuklearen Rüstungsindustrie verständigen. Die Gespräche begannen in Helsinki, daraufhin wechselte sich die finnische Hauptstadt mit Wien als Gastgeberstadt ab.

Hugo Portisch berichtete von der Konferenz und erklärte die Taktik der nuklearen Abschreckung.

Durchbruch bei den Abrüstungsgesprächen
21. Mai 1971

Guten Abend, meine Damen und Herren. Amerikaner und Sowjets haben also einen Durchbruch bei den Verhandlungen über die Beschränkung der strategischen Rüstung erzielt. Was das allerdings genau bedeutet, darüber gibt die gemeinsame Erklärung der beiden Supermächte keine präzise Auskunft. Es heißt lediglich, man werde jetzt in der nächsten Zeit über ein Abkommen verhandeln, das die Beschränkung der Abwehrraketen zum Ziel hat, und erst später werde man auch über die Beschränkung der Offensivraketen verhandeln.

Nun, wenn dem so ist, dann haben eher die Amerikaner als die Sowjets nachgegeben. Denn es waren die Sowjets, die im letzten Jahr eisern darauf bestanden haben, dass das erste Abkommen zumindest die Beschränkung der Abwehrraketen beinhalten muss. Über die Offensivraketen wollten sie nicht sprechen, während die Amerikaner meinten, es müssten beide Abkommen doch zumindest gleichzeitig abgeschlossen werden.

Um die Bedeutung dieses Unterschieds zwischen den beiden Standpunkten zu erkennen, muss man sich noch einmal vor Augen halten, wie dieses System der gegenseitigen atomaren Abschreckung überhaupt funktioniert. Beide Supermächte, Amerikaner und die Sowjets, haben rund 1.500 bis 2.000 Interkontinentalraketen in ihrem Besitz. Die meisten dieser Raketen sind teilweise in unterirdischen Bunkern gelagert, teilweise auf Atom-U-Booten, die wiederum immer im Meer untergetaucht sind.

Nun, schlägt eine der beiden Supermächte gegen die andere los, so kann sie diese ohne Weiteres vernichten. Aber die Raketen in den Bunkern und auf den U-Booten, die bleiben intakt, und selbst nach einem ersten Schlag des Gegners kann das vernichtete Land diese Raketen noch starten und den Angreifer nun wiederum vernichten. Die Angst vor dieser Selbstvernichtung, die man auslöst, wenn man angreift, diese Angst hat uns den Frieden bisher bewahrt. Nun haben aber die Sowjets in den letzten zwei Jahren begonnen, ungeheuer mächtige Raketen zu bauen, die sogenannten SS9-Raketen. Diese Raketen tragen einen Sprengkopf in der Größenordnung von 25 Megatonnen Sprengkraft. Nun, im Vergleich dazu haben die amerikanischen Interkontinentalraketen eine Sprengkraft von einer Megatonne.

Und nun fragen sich die Amerikaner natürlich: Was bedeutet das? Dass die Sowjets so mächtige Raketen bauen? Um nämlich eine Stadt zu vernichten, Washington oder Moskau, genügt eine Rakete mit einer Megatonne Sprengkraft. Wozu braucht man also so mächtige Raketen? Und da kamen die US-Strategen zu dem Schluss: Mit so gewaltigen Raketen geht man nicht gegen Industrien und Städte vor. Solch gewaltige Raketen setzt man ein, um die Bunker des Gegners zu knacken. Also gerade jene Raketenbunker, in denen etwa die Amerikaner ihre Raketen lagern.

Wenn man dann auch noch sieht, dass die Sowjets in den letzten Jahren ihre Hochseeflotte sehr verstärkt haben, ungemein ausgebaut haben, dann bekommt natürlich der amerikanische Generalstab Angst, dass die Sowjets eines Tages auch noch Instrumente erfinden könnten, mit denen man getauchte U-Boote aufsucht. Und sie könnten dann auch noch die amerikanischen Atom-U-Boote vernichten. Geschieht dies aber, knackt man die Bunker und vernichtet man die Unterseeboote, dann ist keine Möglichkeit mehr für einen Gegenschlag gegeben. Dann aber besteht die Gefahr, dass die Sowjetunion als erste Macht losschlagen kann, ohne eine Selbstvernichtung zu riskieren.

Daher haben die Amerikaner gesagt: Da müssen wir etwas dagegen tun, und haben zunächst einmal ein sehr starkes Raketenabwehrsystem ins Auge gefasst und auch teilweise schon gebaut. Die sowjetischen einfliegenden Raketen, auch wenn sie noch so stark sind, sollen von Abfangraketen vernichtet werden. Das würde das Überleben der Raketen in den Bunkern und auch in den U-Booten garantieren.

Nun aber, gerade da setzt ja die sowjetische Verhandlungsposition ein. Diese Abwehrraketen sollen beschränkt werden. Man versteht, dass die Amerikaner gesagt haben: Ja, die beschränken wir gerne, aber dann auch die [sowjetischen] Angriffsraketen. Nun haben aber die Amerikaner jetzt effektiv etwas nachgegeben. Zuerst soll über die Beschränkung der Abwehrraketen verhandelt werden. Präsident Nixon hat also das Risiko angenommen, weil die USA daheim rüstungsmüde, kriegsmüde geworden sind, weil diese Rüstung unendlich viel Geld kostet. Allein der Aufbau des Abwehrsystems im Anfangsstadium kostet fünfzig Milliarden US-Dollar. Der Dollar ist ohnehin schon geschwächt, und nächstes Jahr ist auch ein Wahljahr. Bis dahin muss Nixon zumindest international Erfolge möglich machen. Er hat das Risiko angenommen, und die anderen Staaten sind ohnehin bei diesen Verhandlungen nur Zaungäste.

Österreich ist auch nur ein Zaungast, allerdings auch etwas mehr. Österreich ist Gastgeber für diese Verhandlungen, gemeinsam mit Finnland. Aber es war in Österreich, da diese beiden Delegationen doch den Durchbruch erzielt haben, die Verhandlungen wieder ermöglicht und vielleicht auch ihr positives Ende ermöglicht haben. Und damit empfiehlt sich Österreich eigentlich der ganzen Welt erneut als Begegnungsort zwischen Ost und West. Es reklamiert damit den Respekt für seine Neutralität. Und wenn dieser Respekt noch dazu von den Supermächten kommt, dann ist es auch eine Verstärkung unserer Sicherheit.

Auf Wiederhören und auf Wiedersehen.

SALT-Gespräche

Guten Abend, meine Damen und Herren. Die amerikanisch-sowjetische Konferenz für die Beschränkung der strategischen Rüstung, also das, was wir unter der Abkürzung SALT kennen, wechselt nun schon zum sechsten Mal ihren Standort. Sie übersiedelt wieder von Helsinki nach Wien und wird ab morgen in den Mauern der Bundeshauptstadt tagen.

Nun, die Konferenz dauert jetzt schon zwei Jahre, und man hat eigentlich sehr wenig über ihren Fortschritt gehört. Ein einziges Mal hat Präsident Nixon im Frühjahr dieses Jahres angekündigt, bis zum Jahresende, also bis zum Ende dieses Jahres, würde es ein Abkommen geben, ein Abkommen über die Beschränkung der Abwehrraketen, nicht ein Abkommen über die Beschränkung der Offensivraketen.

Aber in dieser Woche nun hat Präsident Nixon neuerlich zur SALT-Konferenz Stellung bezogen und gemeint, es würde wahrscheinlich in diesem Jahr noch kein solches Abkommen geben, sondern ein solches wäre erst für das nächste Jahr zu erwarten. Nun, tritt diese Konferenz eigentlich auf der Stelle, oder hat sie tatsächlich Fortschritte zu erzielen?

Nun, solche Verhandlungen, Verhandlungen über die Beschränkung der wichtigsten Rüstungssparten der beiden Supermächte, also der Raketen und der Nuklearrüstung, hängen natürlich unmittelbar mit der allgemeinen

Weltlage zusammen. Wenn sich diese Weltlage ändert, dann ändert sich auch das Klima bei den Verhandlungen. Und wenn schon nicht das Klima, so haben beide Supermächte auf einmal neue Interessen. Und wir wissen ja, dass diese Weltlage, gerade in diesem Jahr wieder, voll in Schwung gekommen ist.

In Europa hat sich sehr viel getan. Die Deutschland-Verhandlungen, die Abkommen der Sowjetunion und Polens mit der Bundesrepublik, das Berlin-Abkommen, jetzt die innerdeutschen Gespräche, von denen es aber wieder abhängen wird, ob die Abkommen zwischen der Bundesrepublik und der Sowjetunion und Polen auch tatsächlich in Kraft treten werden.

Dann aber will die Sowjetunion und wollen jetzt auch noch eine ganze Reihe andere europäische Staaten die europäische Sicherheitskonferenz haben. Diese Sicherheitskonferenz wird wiederum mit Fragen der Rüstung zu tun haben, mit Garantien für die Grenzen und natürlich auch mit einer ausgewogenen Truppenanzahl diesseits und jenseits des Eisernen Vorhangs. Aber von diesen Truppenstärken hängt es ja auch ab, ob die beiden Supermächte ihre Atomwaffen nun wirksam beschränken können oder ob sie dieses nukleare Gleichgewicht unter Umständen etwas weiter ausdehnen und ausbauen sollen.

Da ist ein neuer Faktor hinzugekommen, nämlich der Faktor China. Es ist wieder in der Weltpolitik aktiv geworden. Wir wissen noch nicht, welche Rolle China tatsächlich spielen wird. Wird diese Rolle Chinas die Sowjetunion oder die USA belasten? Oder wird China vielleicht sogar bereit sein, an solchen strategischen Abrüstungsgesprächen selbst teilzunehmen? Es ist ja auch eine Atommacht. Und schließlich hängt natürlich auch alles in diesen Fragen ein bisschen davon ab, wie die einzelnen Supermächte ihre eigene Position sehen. Sieht sich die Sowjetunion zurzeit noch in einer Zweifrontenstellung zwischen Europa und China? Sehen sich die Amerikaner geschwächt durch ihren Abzug aus Vietnam oder sehen sie sich in ihrer Rüstungsbalance noch nicht ausgeglichen?

Dann gibt es Verzögerungen bei dieser Konferenz. Es hat jedenfalls den Anschein, als wollten beide Supermächte die Verhandlungen noch hinausziehen, um einzelne Vorteile für sich zu wahren. So haben zum Beispiel die Sowjets erst vor kurzem eine sogenannte Orbitalbombe getestet, also eine Bombe, die hochgeschossen wird in den Weltraum, aber nicht in Form einer Rakete wieder zurückfliegt und das Ziel trifft, sondern wie ein Satellit in ziemlich niedriger Höhe um die Erde kreist, von Radarstationen daher kaum geortet werden kann, um dann abberufen zu werden auf das Ziel des Gegners. Eine neue Waffe also.

Und die Amerikaner haben, wie Ihnen ja sehr gut in Erinnerung ist, ihre neuen Sprengköpfe, einen dieser Sprengköpfe auf Amchitka, einer Insel im Nordpazifik, getestet. Und das erst vor wenigen Tagen, mit einer ungeheuren Sprengkraft: 250-mal so stark wie die Bombe, die auf Hiroshima gefallen ist. Und welche Art von Sprengkopf war das? Es war der Sprengkopf, den die Amerikaner für die Anti-Raketen-Raketenwaffe verwenden wollen. Also der Sprengkopf, mit dem einfliegende

Sowjetraketen von amerikanischen Abwehrraketen abgeschossen werden sollen.

Wir sehen also, beide Supermächte glauben in ihrer Rüstungsvorbereitung, in dem Testen neuer Waffen noch nicht ganz am Ende zu sein. Und beide werden wohl abwarten, bis ihre Wissenschaftler und ihre Militärs sagen: So, jetzt wissen wir alles, jetzt können wir uns einverstanden erklären mit einem Einfrieren dieser Rüstung. Präsident Nixon hat darüber hinaus auch noch ein anderes Ziel. Er wird ja im nächsten Jahr zuerst nach Peking, dann nach Moskau fliegen. Irgendetwas muss er von diesen Besuchen heimbringen, denn das nächste Jahr ist ein Wahljahr in den USA. Von Moskau gibt es nicht so viel zu holen, wohl aber dieses Abkommen über die Beschränkung der strategischen Rüstung. Man kann also annehmen, dass die Konferenz, die morgen in Wien fortgesetzt wird, bis dahin auch ihre Früchte tragen wird.

Auf Wiederhören und auf Wiedersehen.

Am 26. Mai 1972 unterzeichneten US-Präsident Richard Nixon und Generalsekretär Leonid Breschnew als Ergebnis der SALT-I-Verhandlungen den ABM-Vertrag (Anti-Ballistic-Missiles). Nach über 130 Sitzungen kam es also zu einem Durchbruch und einer vorläufigen Einigung. Trotz dieses ersten Erfolgs konnte die generelle Rüstungskonkurrenz zwischen den beiden Großmächten nur wenig gebremst werden.

Die Annäherungen der Sowjetunion und der USA gehen abseits der SALT-Gespräche dennoch weiter. 1973 besucht Leonid Breschnew den US-Präsidenten Richard Nixon im Weißen Haus. Beide Mächte scheinen einzusehen, dass trotz Stellvertreterkriegen die atomare Patt-Stellung entschärft werden muss. Zudem bereiten die Unsummen, die für militärische Rüstung ausgegeben werden, beiden Ländern Kopfzerbrechen.

In den USA ist Richard Nixon als Präsident allerdings nicht unumstritten. 1972 wurden fünf Einbrecher gefasst, die in das Hauptquartier der Demokratischen Partei im Watergate-Gebäudekomplex in Washington einzudringen versuchten. Offenbar hatten sie geplant, Abhörwanzen zu installieren. Im November desselben Jahres würde der Wahlkampf zwischen dem Republikaner Präsident Nixon und seinem demokratischen Gegner erfolgen. Ermittlungen des FBI ergaben bald, dass die Auftraggeber des Einbruchs aus dem engsten Umfeld Nixons kamen. Bald kamen weitere Vergehen ans Licht, die auf Anweisung des Weißen Hauses seit 1969 begangen worden waren. Präsident Nixon versuchte, die Ermittlungen zu verhindern, was zu einer politischen Krise führte.

Beim Treffen der beiden Staatsoberhäupter spielte dies aber nur eine untergeordnete Rolle. Etwas Wichtigeres stand auf dem Programm: der Weltfrieden. Hugo Portisch berichtete.

Ein freundschaftliches Treffen

16. Juni 1973

Guten Abend, meine Damen und Herren. Die sowjetische Presse hat das bevorstehende Gipfeltreffen zwischen Generalsekretär Breschnew und Präsident Nixon im Weißen Haus als ein Ereignis von welthistorischer Bedeutung bezeichnet. Es könnte sehr wohl sein, dass diese Gespräche zu einem solchen Ereignis werden. Man beachte den Unterschied. Jedes Mal, wenn die Staatsmänner der Supermächte seit dem Ende des Zweiten Weltkriegs zusammenkamen, mussten sie über sehr akute und kritische Probleme verhandeln, über die Frage Berlin, über die Frage Deutschland, über die Fragen der europäischen Grenzziehung, über die Kriege in Korea, in Vietnam, im Nahen Osten, über die Konfrontation Amerikas mit Kuba beziehungsweise mit den sowjetischen Raketen auf Kuba.

Nun, heute ist das ganz anders. Vor diesem Gipfeltreffen in Washington hat man praktisch alle akuten Weltprobleme aus dem Weg geräumt, hat sie entweder gelöst oder stillgelegt. Die Fragen Berlin und Deutschland gibt es zumindest momentan und auf lange Zeit nicht mehr. Auch nicht die Frage der Grenzziehung in Europa. Was den Vietnamkrieg betrifft, so hat man ein Abkommen getroffen, das letzte in dieser Woche. Die Sowjets haben auch den schwelenden Konfliktherd im Nahen Osten entschärft durch den Abzug ihrer Truppen aus Ägypten. Kurz, man hat die großen Probleme eigentlich aus dem Weg geräumt.

Und selbst in den kleineren hat es die Sowjetunion in den letzten Wochen vermieden, in eine neue Konfrontation mit dem Westen zu gehen. So etwa bei den Vorbesprechungen zur Sicherheitskonferenz in Helsinki. Da sind die Sowjets auf die westlichen Wünsche eingegangen, freierer Verkehr von Personen und Ideen. Man könnte sogar die Grenzziehung mit friedlichen Mitteln in Zukunft ändern. Und sie haben sogar zugestimmt zu einer gewissen Einschränkung der Breschnew-Doktrin im Ostblock [*die Doktrin besagt, dass die Sowjetunion in anderen sozialistischen Ländern militärisch eingreifen wird, wenn sie die Interessen des internationalen Sozialismus gefährdet sehen; so wurde nachträglich die Niederschlagung des Prager Frühlings in der Tschechoslowakei legitimiert*].

Alles ist also vermieden worden, um dieses Gespräch zwischen Breschnew und Nixon in irgendeiner Form zu belasten, es mit Tagesproblemen zu belasten. Es soll hier nicht um Tagesprobleme gehen, sondern um eine langfristige Politik, bei der das Verhältnis der beiden Supermächte zueinander abgesteckt wird, womöglich für den Rest dieses Jahrhunderts. Und damit hat das natürlich auch seine Wirkung auf die gesamte Weltpolitik.

Nun, was die beiden Seiten wollen, ist ziemlich klar. Präsident Nixon möchte sein Zentralziel erreichen, jenes, das er in zwei Inaugurationsreden immer wieder angesprochen hat: Frieden für mehrere Generationen. Er will natürlich damit auch die USA von ihrer weltweiten Rolle entlasten. Er möchte haben, dass die strategische Rüstung, die Atom- und Raketenrüstung beschränkt wird, damit die Amerikaner nicht zu viele Ausgaben haben, möglichst auch eine Reduzierung der konventionellen Streitkräfte in Europa mit einem eventuellen Teilabzug der Amerikaner. Und er braucht selbstverständlich auch die Hilfe der Sowjets bei der Beibehaltung des Waffenstillstands und dem Ausbau des Friedens in Indochina. Er braucht die Sowjets bei der Beilegung des Nahostproblems, und er braucht vielleicht auch die Vermittlung der Sowjets für eine Normalisierung des amerikanischen Verhältnisses gegenüber Kuba.

Nun, Breschnew kann diese amerikanischen Wünsche leicht erfüllen, denn sie erfüllen gleichzeitig auch ein sowjetisches Bedürfnis. Natürlich wollen auch die Sowjets Rüstungsausgaben einsparen. Sie brauchen also die Beschränkung der Atom- und Raketenrüstung. Sie brauchen die Entspannung in Europa, um ihre Konfrontation mit China besser bestehen zu können. Und sie werden sicher auch froh sein, wenn sie die großen Hilfslieferungen nach Vietnam, in den Nahen Osten, nach Kuba einschränken können. Außerdem wäre ihnen die Öffnung des Suezkanals sicherlich auch recht. Aber Breschnew kommt zusätzlich noch mit einer eigenen Wunschliste.

Er hat mit einem fünfzigjährigen Dogma der Sowjetunion wenige Tage vorher gebrochen. Er hat gesagt, die sowjetische Wirtschaft soll sich nicht mehr autark entwickeln, nicht mehr in Isolation, sondern in Kooperation mit dem Westen. Das ist ein Dogma, das fünfzig Jahre bestand. Offenbar hat das die sowjetische Wirtschaft nicht geschafft. Was die Sowjets heute brauchen, sind große

Importe aus dem Westen, nicht nur unmittelbar, um ihre Ernährungskrise zu überwinden, sondern langfristig, um als industrieller Staat ersten Ranges überhaupt bestehen zu können. Die westliche Technologie, große westliche Anlagen, Lizenzen, das westliche Know-how. Und er braucht vor allem große westliche Kredite, um das alles einkaufen zu können. Nur die Amerikaner sind imstande, dies alles zu geben. Die Westeuropäer können nur einen Teil davon erfüllen.

Dass das alles langfristig angelegt ist, machte Breschnew klar, indem er sagte: Watergate interessiert mich gar nicht. Hier geht es nicht um Tagesfragen, hier geht es um eine langfristige Politik. Es gibt natürlich auch Bedenken, besonders bei den Europäern, dass die beiden Supermächte sich über deren Köpfe hinweg verständigen könnten. Es gibt das Bedenken, dass man die Sowjetunion jetzt gerade auf lange Sicht stärken könnte. Dagegen halten die Amerikaner zwei Thesen: Wir werden das Kräftegleichgewicht immer beibehalten, auch bei Rüstungsbeschränkungen; und darüber hinaus wird ein zunehmender Wohlstand im Osten das Interesse des Ostens an der Aufrechterhaltung des Friedens sicherlich auf lange Zeit stärken und damit auch das Interesse an der Einhaltung der friedlichen Koexistenz. Das ist ein Hoffnungswert, aber man baut auf diese Hoffnungswerte.

Auf Wiederhören und auf Wiedersehen.

Die SALT-II-Gespräche nahmen 1972 in Genf ihren Anfang. Sie sind als Reaktion auf SALT I anzusehen, denn im Zuge dieser Verhandlungen wurden lediglich die Langstreckenraketen limitiert, nicht aber die Mittelstreckenraketen.

Sieben Jahre später, 1979, stehen die Verhandlungen kurz vor ihrem Abschluss, in Wien soll bald ein entsprechender Vertrag unterzeichnet werden. Diesmal aber nicht mehr von Richard Nixon, sondern von Präsident Jimmy Carter auf der amerikanischen Seite, nachdem Richard Nixon infolge der Watergate-Affäre 1974 von seinem Amt zurücktrat. Wie genau diese Gipfelkonferenz verlief, berichtete Hugo Portisch.

SALT-II-Gipfelkonferenz

16. Juni 1979

Ja, meine Damen und Herren, das Wiener Gipfeltreffen der Präsidenten Breschnew und Carter neigt sich seinem Ende zu. Aber viele der Fragezeichen, die am Anfang der Gespräche über dieser Konferenz hingen, lassen sich heute Abend bereits beantworten.

Das Erste: War der sowjetische Präsident Breschnew gesundheitlich ein vollwertiger Partner dieser Konferenz? Ja, das war er. Präsident Breschnew hat alle großen Argumente der sowjetischen Delegation selbst vorgetragen, hat die Gespräche oft unterbrochen, Änderungen herbeigeführt.

War Präsident Carter ein vollwertiger politischer Partner der Sowjets bei dieser Konferenz? Ja, er soll es gewesen sein, soll seinen Mann gestanden haben. Auf der ganzen Linie. Seine innenpolitische Schwäche hat man ihm hier in Wien nicht angemerkt.

Wie war die Atmosphäre dieser Konferenz? Sie war viel besser als das seinerzeitige Treffen zwischen Chruschtschow und Kennedy [*1961 in Wien*]. Damals gab es ja rote Köpfe, Zornausbrüche und Beleidigungen. Nichts davon diesmal. Alles war sachbezogen und sehr höflich, höflich im Ton, hart in der Sache.

Und das ist die zweite Seite dieser Konferenz. In allen großen Problemen haben beide Seiten keine Konzessionen gemacht, so nicht in den Weltproblemen. Die Sowjetunion unterstützt die Amerikaner weiterhin nicht, was den Nahostfrieden betrifft: Die Sowjets sind weiterhin entschlossen, ihr Veto einzulegen gegen die Entsendung von UNO-Truppen auf die Sinai-Halbinsel [*siehe Suez-Krise auf Seite 171*]. Es sei denn, es gelänge Carter in letzter Minute, sozusagen morgen, bei den Vieraugengesprächen dafür zu sorgen, dass die Sowjets ihre Haltung diesbezüglich ändern.

Die Sowjets sind aber auch hart geblieben. In der Frage Rhodesien, keine Hilfe dort, in der Frage der kubanischen Truppen in Angola und Äthiopien hart geblieben, in der Frage Afghanistan hart geblieben, in der Frage Vietnam. Hier pocht die Sowjetunion darauf, dass sie eine gleichberechtigte Supermacht ist und dass sie als solche die Konkurrenz auf allen Weltmeeren und in allen Weltteilen mit den USA aufrechterhalten kann. Hart geblieben sind die Sowjets noch in einer zweiten, entscheidenden Frage. Sie haben nämlich klar verstehen lassen, dass sie jede Änderung, die der US-Senat bei der Ratifizierung des Vertrages vornehmen möchte, eigentlich als eine Aufkündigung des Vertrags ansehen. Der Vertrag müsse in Buchstaben und Geist völlig unverändert bleiben. So haben die Sowjets hier deponiert. Ob sie dann auch so handeln werden, das bleibt abzuwarten. Aber jedenfalls bis dahin, also in all diesen Fragen, Härte.

Was aber hier gelungen ist bei dieser Konferenz, ist das eigentliche Ziel der Gespräche gewesen, nämlich man hat die SALT-III-Gespräche, also die Fortsetzung der Rüstungsbegrenzungsverhandlungen hier in Wien, erfolgreich auf Kiel gelegt. Präsident Carter hat einen großen Vorschlag gemacht, heute in Bezug auf echte Reduzierung der Raketen und der Sprengköpfe, auf Einbeziehung der Mittelstreckenbombe, der Mittelstreckenraketen, der Marschflugkörper, auf Verbesserung der Kontroll- und Überwachungsmöglichkeiten, auch auf Einbeziehung schon von Laserwaffen, also Weltraumwaffen jeglicher Art, und die Sowjets haben dies als Programm für SALT III zur Kenntnis genommen. Darüber hinaus schon als Unterpfand hat es eine Unterredung zwischen den Verteidigungsministern und Generalstäblern gegeben. Und da verweist man darauf, dass das auch weit über Breschnew hinausreichen wird. Denn am Tisch dieser Verhandlungsrunde saßen vier Politbüromitglieder, nämlich außer Breschnew auch noch [Konstantin] Tschernenko, weiters Verteidigungsminister [Dmitri] Ustinow und Außenminister [Andrei]

Gromyko, also samt Breschnew vier. Das müsste über Breschnew hinausreichen.

Ob allerdings diese Konferenz nur gut verlaufen ist oder auch erfolgreich verlaufen ist, dieser Unterschied wird sich morgen in den Vieraugengesprächen herausstellen. Denn da könnte noch vielleicht die eine oder andere Konzession herausschauen.

Aber das werden wir erst morgen Mittag wissen. Jetzt zurück zum Studio.

Nur zwei Tage später, am 18. Juni 1979, wurden die SALT-II-Verträge von Jimmy Carter und Leonid Breschnew unterzeichnet. Im Zuge dieser Unterzeichnung verpflichteten sich beide Parteien zu gleichen zahlenmäßigen Begrenzungen ihrer nuklearen Waffensysteme. Außerdem sah der Vertrag ein Verbot des Baus von weiteren Abschussvorrichtungen für Interkontinentalraketen (ICBM) vor.

Die Verhandlungen wurden auch nach Unterzeichnung von SALT II fortgeführt. Obwohl der Kalte Krieg damit noch lange nicht beendet war (bereits 1979 marschierten sowjetische Truppen in Afghanistan ein), können die SALT-Gespräche als erster ernsthafter Versuch gelten, das (atomare) Wettrüsten der beiden Supermächte zu begrenzen.

Teil III

EUROPA IM UMBRUCH

Konflikte in Frankreich und Großbritannien

Der General und die Studenten: Mai 68

Die politische Landschaft Frankreichs war in der Nachkriegszeit geprägt von einem Mann: dem »General« Charles de Gaulle. Als Soldat der französischen Armee kämpfte er im Ersten Weltkrieg, wo er in deutsche Gefangenschaft geriet. Während des Zweiten Weltkriegs und nach dem Einmarsch deutscher Truppen in Frankreich wurde er zum General befördert.

Als ersichtlich war, dass die französische Armee den deutschen Vorstoß nicht würde aufhalten können, floh de Gaulle nach London. Frankreich war zersplittert: Ein großer Teil Frankreichs, darunter Paris, war von den deutschen Nationalsozialisten besetzt. Ein kleiner Teil im Süden stand unter der Kontrolle des Vichy-Regimes (benannt nach dem Sitz der Regierung, dem Ort Vichy) unter dem Marschall Philippe Pétain, einem früheren Weggefährten und Förderer de Gaulles. Während das Vichy-Regime mit den Deutschen kollaborierte, rief de Gaulle von London aus über Radiosendungen zum Widerstand gegen die Besatzer auf. Er gründete in London das Komitee »Freies Frankreich« mit dem Ziel, Frankreich zu befreien. Vom Vichy-Regime wurde er dafür in Abwesenheit zum Tode verurteilt.

Als Nazi-Deutschland geschlagen war, hatte de Gaulle großen Anteil daran, dass Frankreich, trotz der kollaborierenden Vichy-Regierung, als Kriegsgewinner gesehen wurde und eine wichtige Position in der neugegründeten UNO bekam. In den Jahrzehnten nach dem Krieg war er Präsident und Premierminister Frankreichs und Vorsitzender einer Partei, deren Mitglieder als »Gaullisten« bekannt wurden. Auf sein Bestreben gehen die großen Machtbefugnisse des französischen Staatspräsidenten zurück, die dieser bis heute innehat.

Die Stellung de Gaulles begann während der 1960er Jahre zu bröckeln. Auf der ganzen Welt gab es vor allem von jungen Menschen und Studenten getragene Bewegungen, die sich für eine Öffnung und Liberalisierung der Gesellschaft einsetzten (zum Beispiel. die Hippie-Bewegung in den USA). Auch die französische Jugend sah in de Gaulle die Personifikation einer älteren, nicht mehr zeitgemäßen Generation. Das betraf verschiedene Bereiche des Lebens: die Dimension der Sexualität (so waren Verhütungsmittel in Frankreich bis 1967 verboten) genauso wie der Bildung, da in Frankreich immer mehr junge Menschen studierten, das Bildungssystem auf diese Menge jedoch nicht vorbereitet war. Dazu kamen wirtschaftliche Probleme wie die Inflation.

Während sich auf der ganzen Welt Studentenbewegungen formten, gelang es den Studenten in Frankreich, die Arbeiterschaft zu mobilisieren und Generalstreiks für bessere Bezahlung und Arbeitsbedingungen zum Teil ihres Programms zu machen. Außerdem wurden sie von namhaften Intellektuellen wie Jean-Paul Sartre oder dem Regisseur François Truffaut unterstützt.

Universitäten wurden besetzt, vor allem in Paris kam es zu großen Demonstrationen mit zehntausenden Teilnehmern. Im Quartier Latin wurden Autos angezündet, Pflastersteine aus dem Boden gerissen und Barrikaden errichtet. Hunderte Festnahmen folgten.

Der Mai 1968 stellte einen entscheidenden Moment in der modernen französischen Geschichte dar, wie Hugo Portisch berichtete.

Pariser Studenten-Aufstand

12. Mai 1968

Werfen wir einen Blick auf die Schlagzeilen. Paris steht unter dem Eindruck gewaltiger Studentendemonstrationen. In der vergangenen Nacht sind nicht weniger als 30.000 Studenten auf die Sorbonne marschiert, haben sich dort verbarrikadiert und haben für ihre fünfzig Barrikaden, die sie aufgestellt haben, die auf den Straßen stehenden Autos benützt, Lastautos und sogar große Zementmischmaschinen, und haben der Polizei Widerstand geleistet.

Frankreich steht heute völlig unter dem Eindruck dieses Aufstandes der Studenten, der allerdings beinahe schon eine Volksbewegung geworden ist. Den französischen Studenten ist nämlich gelungen, was etwa den deutschen oder anderen europäischen Studenten bisher nicht gelungen ist: Sie haben die Unterstützung der Arbeiterschaft erhalten.

Die beiden großen Gewerkschaften Frankreichs, die Kommunisten und die katholisch geführten demokratischen Gewerkschaften, sind an die Seite der Studenten getreten und haben sich hinter ihre Forderungen gestellt. Für kommenden Dienstag wollen die Gewerkschaften zusammen mit den Studenten demonstrieren. Und zwar spricht man von einem Tag der Stärke. Frankreich und insbesondere seiner Hauptstadt Paris steht also einiges bevor. Die Regierung wird entweder nachgeben oder sich auf eine sehr schwere Auseinandersetzung gefasst machen müssen. Das könnte auch auf Frankreichs Innenpolitik große Wirkungen haben. Es ist für Frankreich ungemein bedeutungsvoll, was sich hier tut. Viele Menschen hier in Paris sprechen heute sogar davon, dass die Regierung, und zwar die Regierung des Generals de Gaulle, vielleicht diesem Druck nicht standhalten wird können.

Höhepunkt der Mai-Unruhen
12. Mai 1968

Meine Damen und Herren, es ist zwar heute Sonntag und das Wetter hier in Paris ist relativ schön, aber das ist nicht der Grund, weshalb wir uns auf ein Schiff auf der Seine begeben haben und die Seine entlangfahren. Vielmehr scheint uns der Fluss heute symbolisch zu sein, symbolisch für Paris, symbolisch auch für Frankreich. Denn die Seine teilt heute die französische Hauptstadt in zwei Tei-

le. Auf der einen Seite dort drüben ist das offizielle Frankreich, das Frankreich Präsident de Gaulles. Er hat drüben
seinen Sitz im Palais Élysée, das Frankreich der französischen Regierung und auch der amerikanisch-nordviet-
namesischen Verhandlungen, also das friedliche Frankreich, das der Welt dient.

*Informative Bootsfahrt: Hugo Portisch analysiert die Lage
Frankreichs direkt auf der Seine.*

Hier auf dieser Seite aber befindet sich das Quartier Latin,
jener Bezirk von Paris, der seit Tagen von unruhigen, re-
voltierenden Studenten gehalten wird. 30.000 Studenten
bestürmen immer wieder die tausenden Polizisten, die
in diesem Bezirk konzentriert sind. Und wir haben auch

heute wieder eine sehr unruhige Nacht hinter uns. Bis um drei Uhr in der Früh sind immer wieder tausende Studenten gegen die Stahlmauern der Polizisten angelaufen, die die Sorbonne umgeben.

Frankreich, meine Damen und Herren, steht zurzeit wenige Stunden vor einem Generalstreik, vor einem Generalstreik von Ausmaßen, wie ihn dieses Land seit dem algerischen Krieg nicht mehr gekannt hat. Um ein Uhr früh am Montag haben sämtliche Gewerkschaften des Landes diesen Generalstreik ausgerufen. Nicht nur die Kommunisten, nicht nur die katholisch geführten demokratischen Gewerkschaften, sondern in letzter Stunde haben sich auch die sozialdemokratischen Gewerkschaften diesem Streikruf angeschlossen.

Der französische Ministerpräsident, Georges Pompidou, ist aus Afghanistan von einem Staatsbesuch zurückgeeilt nach Paris, um die Lage hier raschestens in Ordnung zu bringen. In einer dramatischen Fernsehrede hat er noch um Mitternacht, also in den ersten Minuten des Morgens des Sonntags, einen Appell an die Studenten, an die Gewerkschaften, an die Bevölkerung gerichtet, doch von diesem Generalstreik Abstand zu nehmen und den Frieden zu bewahren.

Pompidou hat alle Forderungen der Studenten nahezu bedingungslos akzeptiert. Die Studenten hatten gefordert, dass vier ihrer verhafteten Führer sofort befreit werden, dass sie keine schweren Gefängnisstrafen bekommen. Sie haben weiters gefordert, dass die Sorbonne, die Pariser Universität, sofort geöffnet wird. Sie ist nämlich geschlossen von der Polizei umgeben, und die Studenten dürfen zurzeit dort nicht hinein. Und sie haben eine Generalreform des gesamten Unterrichtswesens in Frankreich gefordert.

Pompidou hat alle diese drei Forderungen aufgenommen und zugesagt, dass sie erfüllt werden. Aber schon Sonntagfrüh gaben die Gewerkschaften und nicht die Studenten die Antwort. Diese Zusagen Pompidous kommen zu spät. Es werde nicht mehr möglich sein, den Generalstreik abzublasen. Und darüber hinaus forderten die Studenten und auch die Arbeiterschaft Frankreichs bereits bedeutend mehr als diese drei Bitten, die die Studenten noch vor 24 Stunden als ihre einzigen Forderungen an die Regierung gerichtet hatten.

Was diese Forderungen sind, das ist bisher nicht formuliert worden. Aber aus den Sprechchören, die die Studenten heute in der Nacht wieder von sich gegeben haben, kann man es sich denken. Sie fordern nämlich nicht mehr und nicht weniger als den Rücktritt der Regierung. Ja, es geht sogar viel weiter. Im Quartier Latin ist heute Nacht immer nur ein Ruf widergehallt, »de Gaulle assassin«, das heißt »Mörder de Gaulle«. Das ist natürlich ein übertriebener Studentenruf, aber man weiß, was er bedeuten soll. Weg mit de Gaulle!

Und das, meine Damen und Herren, ist nun auch die Stimmung in weiten Kreisen hier. Man hat das Gefühl, die Regierung wird nicht mehr ganz vom Volke getragen. Ob das ein richtiges Gefühl ist oder nur eines, das unter dem Eindruck dieser Ereignisse hier in Paris steht, das wird sich erst in den nächsten 48 Stunden zeigen. In diesen 48 Stunden wird sich nämlich herausstellen, ob die Gewerkschaften tatsächlich ihren Generalstreik durchführen können, inwieweit er befolgt wird, inwieweit die Arbeiterschaft und die Bevölkerung Frankreichs sich an dieser Aktion, die eindeutig gegen die Regierung und gegen den General gerichtet ist, beteiligt. Es mag durchaus sein, dass die Bevölkerung diesem Ruf bei weitem nicht hundertprozentig folgt und dass die Regierung hier sozusagen eine Bestätigung ihres Mandats erhält.

Falls sie dieses Mandat erhält, dann sind die Studenten sicherlich gut beraten, wenn sie das Kapitulationsangebot des Ministerpräsidenten Pompidou akzeptieren und ihre Revolte einstellen. Es ist schließlich hier schon genug Blut geflossen, hat mehr als vierhundert Verletzte gegeben, und die Straßenkämpfe haben ungeheure Ausmaße angenommen. Ich darf mich wieder aus Paris melden.

Auf Wiederhören und auf Wiedersehen.

Das aggressive Vorgehen der Polizei gegen die Demonstranten sicherte ihnen Sympathien in der Bevölkerung. Während der Höhepunkte der Proteste, im Mai 1968 (weswegen man auch von den Mai-Unruhen spricht), fürchtete man in Frankreich einen Bürgerkrieg.

Erst Generalamnestien für verhaftete Demonstranten, das Abkommen von Grenelle, das Erhöhung der Mindestlöhne und Arbeitszeitverkürzungen beinhaltete, und Neuwahlen beruhigten die Situation. Aus der Wahl ging allerdings die Partei von de Gaulle, gegen dessen Politik sich die Demonstrationen gerichtet hatten, gestärkt hervor. Es schien, als hätten die Wähler zugunsten der Stabilität dem Altbekannten das Vertrauen ausgesprochen.

Neuwahlen in Frankreich
30. Juni 1968

Meine Damen und Herren, wir melden uns heute wieder aus Paris. Wir stehen vor einem der Pariser Wahllokale. Nicht alle sind heute mehr geöffnet. In den einzelnen Pariser Bezirken ist die Entscheidung schon am letzten Sonntag beim ersten Wahlgang in Frankreich gefallen. Heute wird nur noch dort gewählt, wo es am letzten Sonntag keine klaren Mehrheiten gegeben hat. Es sind also nur diese Wahllokale noch geöffnet.

Allerdings ist das noch in 316 Wahlkreisen der Fall. 316 Parlamentssitze werden heute erst an diesem Sonntag vergeben werden. Die absolute Mehrheit im französischen Parlament liegt bei 244 Sitzen, 316 Sitze sind heute noch zu vergeben. Sie sehen also, dass noch jede der beiden Seiten die Möglichkeit hat, die absolute Mehrheit zu erringen oder die andere daran zu hindern, die absolute Mehrheit zu bekommen.

Meine Damen und Herren, die Gaullisten würden von diesen 316 Sitzen noch 100 Sitze benötigen, um die Mehrheit von 244 zu bekommen. Man glaubt ja allgemein, dass es den Gaullisten heute gelingen wird, von 316 diese 100 Sitze zu bekommen. Der General de Gaulle hat gestern noch einen letzten Appell an die französische Nation gerichtet, etwas, was ihm von der Opposition sehr übel genommen wird, denn er hat als Staatspräsident gesprochen, hat sich die Freiheit herausgenommen, an einem Tag über das Fernsehen an die Nation zu appellieren, an dem kein anderer Politiker das mehr durfte, 24 Stunden vor den Wahlen darf niemand mehr sprechen. Aber der General hat in diesem Appell gemeint: »Gebt uns, gebt mir die absolute Mehrheit. Macht die Regierung stark. Wenn wir die absolute Mehrheit bekommen, nämlich diese 100 Sitze, dann werden wir großartig regieren können. Dann werden sich die Ereignisse, die sich hier im Mai und im Juni abgespielt haben, nicht mehr wiederholen können."

Dem wird heute in der französischen Öffentlichkeit in der Presse ganz stark widersprochen. Sie meinen, es hing nicht daran, dass die Regierung im letzten Parlament allein nicht die Mehrheit hatte, sondern sich eines Koalitionspartners, nämlich der unabhängigen Republikaner, bedienen musste. Es ging vielmehr um den Regierungsstil, und man richtet heute den Appell an den General. Ja, es ist richtig, was der General gesagt hat: Frankreich braucht eine totale Erneuerung. Sicherlich gehören zu dieser Erneuerung die Reform in der Wirtschaft, die Reformen im Sozialsystem, die Reform in den Universitäten.

Aber viel mehr als alles andere braucht Frankreich eine Reform des politischen Stils. Denn die Regierung hat zu einem Zeitpunkt, da sie nicht allein die Mehrheit im Parlament gehabt hat, eigentlich gewaltet und geschaltet, ohne Rücksicht zu nehmen auf die Meinungen des

Gegners, auf die Meinungen der großen Institutionen im Lande. Das müsste sich ändern, denn selbst eine absolute Mehrheit der Gaullisten würde eine gleiche Situation heraufbeschwören wie im Mai und im Juni. Man spricht sogar von einer möglichen Wiederholung der Streiks und der Unruhen im kommenden Oktober, wenn diese Regierung nicht den Weg findet zu ihren politischen Gegnern, den Weg findet zur französischen Öffentlichkeit, wenn sie nicht den Dialog pflegt, wenn sie nicht das ganze Volk umfasst und die Lehren aus den Ereignissen des Mai zieht, nämlich mit ganz Frankreich eine Erneuerung Frankreichs anzustreben, mit ganz Frankreich auch den politischen Stil zu ändern.

Nun, meine Damen und Herren, der heutige Sonntag wird auf diese Frage noch keine Antwort geben. Aber die Wahlresultate werden zumindest anzeigen, in welche Richtung Frankreich in den nächsten Wochen, Monaten, vielleicht auch Jahren gehen wird. Wir melden uns wieder mit den Wahlergebnissen.

Auf Wiederhören und auf Wiedersehen.

Doch de Gaulle sollte nicht mehr lange im Amt bleiben: 1969 band der General ein Referendum über politische Veränderung an seine Position als Präsident. Als das Referendum aus Sicht der Gaullisten verloren wurde, verließ de Gaulle die Politik und zog sich auf seinen Landsitz zurück. Einige Tage nach de Gaulles Rücktritt war Hugo Portisch erneut in Frankreich und berichtete.

Rücktritt Charles de Gaulles

2. Mai 1969

Gestern war er noch ein Riese, heute wäre er nur noch ein Denkmal. Das erklären die französischen Zeitungen und meinen damit General de Gaulle, der bis zum letzten Sonntag Staatspräsident Frankreichs war. Und falls es wirklich stimmen sollte, dass er nur noch ein Denkmal ist, so ist es jedenfalls noch immer ein gut geschütztes Denkmal. Wir befinden uns heute hier auf dem Landsitz General de Gaulles in Colombey-les-deux-Églises, und hinter dem grünen Tor, das Sie hier im Hintergrund sehen, liegt das Haus, das General de Gaulle bewohnt.

Nun, die französische Nation hat General de Gaulle jedenfalls ein paar Tage nach seinem Rücktritt noch nicht vergessen. Es sind all die Tage seit seinem Rücktritt hier dutzende und hunderte Personen stündlich an seinem Landsitz vorbeigezogen, immer noch in der Hoffnung, man könnte den General sehen. Aber der General ist in die Einsamkeit geflüchtet. Der General ist bereits von seinen Amtsgeschäften völlig getrennt. Man hat die Telefonlinie mit dem Élysée endgültig gekappt. Es gibt keine direkte Verbindung mehr zwischen de Gaulle und den Staatsgeschäften. Ebenso haben ihn auch jene Dutzend Kriminalbeamte bereits verlassen. Es hat sich hier aus seinem Park auch jener Hubschrauber bereits in die Lüfte gehoben, der stets hier bereit war mit einem fliegenden Ambulatorium, um den General, falls ihm etwas zustoßen sollte, sofort ins nächste Spital bringen zu können.

Hugo Portisch im französischen Colombey-les-Deux-Églises, vor dem Haus von Charles de Gaulle

Ja, selbst der Priester, der in einer Privatkapelle auf dem Land sitzt und de Gaulle am Sonntag die Messe gelesen hat, auch dieser Priester hat den General verlassen. Er ist jetzt nur noch mit einem kleinen Stab umgeben. Dazu gehören sein Privatsekretär und der frühere Generalsekretär des Élysée. Sonst hat General de Gaulle außer seiner engsten Familie hier auf seinem Landsitz seit seinem Rücktritt niemanden mehr empfangen. Und man glaubt auch nicht, dass der General bis zur Wahl des neuen Staatspräsidenten sich viel in der Öffentlichkeit zeigen wird, obwohl es hier immer wieder Leute gibt, die stundenlang ausharren, um ihn zu sehen. Man glaubt ebenfalls nicht, dass der General eine Wahlempfehlung abgeben wird, das heißt also, einen der Kandidaten stützen wird. Wenn, dann könnte das natürlich nur sein früherer Premierminister Pompidou sein.

General de Gaulle hat einmal erklärt, es gibt keinen Nachfolger für General de Gaulle, und daher dürfte er wahrscheinlich auch jetzt der französischen Nation nicht sagen, dass es einen solchen geben kann und dass sie einen solchen wählen soll. Aber man nimmt allgemein an, dass Pompidou mit dem Segen des Generals und mit seiner Unterstützung in diesen schweren Wahlkampf zieht, der nunmehr der französischen Nation bevorsteht. Sie waren sehr interessant, diese letzten Tage in Frankreich. Zunächst einmal konnten es die Franzosen, selbst jene, die gegen den General gewählt hatten, nicht fassen, dass de Gaulle nicht mehr Präsident sein sollte.

Dann fühlte man zwei Tage lang eine gewisse Angst im Lande. Was geschieht ohne de Gaulle? Man fühlte sich plötzlich so wie etwa Kinder ohne ihren Vater. Und jetzt ist ein neuer Umschwung zu bemerken. Jetzt auf einmal vier Tage Ruhe, fünf Tage Ruhe. Es geht auch ohne de Gaulle. Wir stehen wieder auf eigenen Beinen. Es muss weitergehen, und wir müssen einen Wahlkampf in Ruhe bestehen können. Wir müssen dieses Land auch ohne de Gaulle weiterführen können. Und die Tageszeitungen sind im Gegensatz zu den Wochenzeitungen bereits abgerückt von der Person des Generals und konzentrieren sich völlig auf den bevorstehenden Wahlkampf. Allerdings, so meint man und so hat es auch Pompidou bei seiner Pressekonferenz gesagt, sind die Weichen bereits gestellt für die Politik der nächsten Regierung, so es eine Regierung sein wird, die unter einem gaullistischen Präsidenten zustande kommen kann. Wird also Pompidou dieses Rennen machen, so meinte er, müssen wir uns jene Schuhe anziehen, die uns der General hinterlassen hat. Der Mann, der sich hier zur Ruhe gesetzt hat in seinem Landsitz, der sozusagen die Kur der Einsamkeit durchmacht, wie das die Franzosen nennen, er hat die Weichen Frankreichs und damit auch eines Teiles Europas doch für lange Zeit gestellt.

Auf Wiederhören und auf Wiedersehen.

Im Juni 1969 wurde Georges Pompidou, langjähriger Vertrauter de Gaulles und ehemaliger Premierminister, als dessen Nachfolger gewählt. Pompidou führte viele Ansätze und politische Prinzipien von de Gaulle fort.

Charles de Gaulle, prägend für das Frankreich der Nachkriegszeit, starb nur ein Jahr nach seinem Rückzug aus der Politik 1970 auf seinem Landsitz.

Der
Nordirland-Konflikt

Bereits seit dem Mittelalter herrscht in Irland eine Spannung zwischen katholischen Iren und protestantischen Schotten und Engländern, die als Siedler auf die Insel kamen. Historisch betrachtet bestand die irische Bevölkerung überwiegend aus Bauern und lebte in relativer Armut, während die britischen Siedler nicht zuletzt durch die Handelskontakte zum britischen Königreich die Industrialisierung ab dem 18. Jahrhundert wohlhabender waren. Es stand also eine sozial schwächer gestellte Mehrheit, die Katholiken, einer wohlhabenden Minderheit, den Protestanten, gegenüber.

Die protestantische Minderheit lebte vor allem im Norden Irlands, der Region Ulster. Die religiösen und ökonomischen Spannungen zwischen den beiden Gruppen führten immer wieder zu Konflikten und Rebellionen.

Besonders nach der Unabhängigkeit Irlands von Großbritannien 1921 und der Aufteilung in den überwiegend katholischen Freistaat Irland (heute Republik Irland) und das protestantisch geprägte Nordirland kam es immer wieder zu Auseinandersetzungen. Diese intensivierten sich in den 1960er Jahren. Vor allem die bewaffneten Gruppen Irish Republican Army oder IRA (katholisch) und die Ulster Volunteer Force (protestantisch) sorgten für zahlreiche Opfer in der Zivilbevölkerung.

1970 berichtete Hugo Portisch über die aufgeheizte Stimmung in Nordirland.

Eine jahrhundertelange Auseinandersetzung
11. Juli 1970

Guten Abend, meine Damen und Herren. Nordirland, so befürchtet man, könnte an diesem Wochenende unmittelbar vor einem Bürgerkrieg stehen. Schon in den letzten Tagen gab es mehrere blutige Zusammenstöße. Es gab Tote und Verletzte. Nun, am Montag, wollen die Protestanten Nordirlands ihren großen Feiertag mit Paraden und Umzügen begehen, Paraden und Umzüge, die die Katholiken des Landes wiederum provozieren werden. Es heißt, es würden am Montag 120.000 Protestanten marschieren, es würden 50.000 Katholiken versuchen, diese protestantischen Umzüge zurückzuweisen. Und dazwischen stehen nun 20.000 britische Truppen. Und sie sollen dafür sorgen, dass der Friede dennoch gewahrt bleibt. Vielleicht gelingt es ihnen. Das wird erst die Entwicklung innerhalb der nächsten 48 Stunden zeigen.

Nun, meine Damen und Herren, in den letzten Jahren hat man so viel von Nordirland gehört, immer wieder Zusammenstöße, immer wieder Straßenschlachten, Tote und Verletzte. Man weiß auch, dass im Prinzip Protestanten gegen Katholiken und umgekehrt kämpfen. Man weiß auch, dass die Katholiken sozial schlechter gestellt sind als die Protestanten, dass es eine gewisse Ungleichheit in Nordirland gibt. Aber die eigentliche Wurzel dieser Unruhen, die ist meist unbekannt, und um sie zu erkennen, muss man auch zurückblicken in die nordirische oder in die irische Geschichte.

Bereits im zwölften Jahrhundert haben die Engländer versucht, ganz Irland zu erobern. Es ist ihnen auch immer wieder geglückt. Sie haben Irland als einen Bestandteil Großbritanniens halten wollen. Es kam aber nicht nur hinzu, dass dort Engländer gegen Iren gekämpft haben, sondern sehr bald auch, dass die Engländer Protestanten waren und die Iren Katholiken, Katholiken, die von Frankreich, von Spanien, vom Vatikan unterstützt worden sind. Kurz, der englisch-irische Krieg hat sich 700 Jahre langgezogen. Immer wieder Aufstände, immer wieder Kämpfe vom zwölften Jahrhundert bis ins 20. Jahrhundert. Nun, im 17. Jahrhundert, kam der englische König Jakob auf die Idee: So werden wir mit den Iren nicht fertig. Wir müssen sie unterwandern. Wir müssen englische Siedler nach Irland bringen, um die Iren einfach auch majoritätsmäßig zu überstimmen. Er begann mit einer großen Ansiedlungsaktion vor allem schottischer Protestanten. Aber sie sind nicht irgendwohin nach Irland gegangen, sondern haben sich vis-à-vis von Schottland angesiedelt, in Nordirland, und haben dort eine Art von protestantisch-britischem Brückenkopf in Irland gebildet. Nun, die nachfolgenden Könige haben diese Politik nicht fortgesetzt, und jene Protestanten blieben in Isolation in Nordirland sitzen. Der Krieg ging weiter, die Aufstände gingen weiter.

1921, also erst in diesem Jahrhundert, war dann England bereit, den Iren die volle Freiheit zu geben. 1921 wurde dann der irische Freistaat geschaffen. An und für sich wollten die Engländer ebenso wie die Iren, dass die ganze Insel ein einziger Staat wird. Aber da haben sich die mittlerweile bis auf eine Million angewachsenen Protestanten im Norden Irlands, also in Nordirland, dagegen gewehrt, eine Selbstschutzorganisation aufgestellt und waren bereit, bis zum letzten Mann zu kämpfen, um ihre Eigenständigkeit zu bewahren. Das war damals sehr ernst. Iren sind nun einmal sehr temperamentvoll und immer kampfbereit gewesen. Daraufhin hat sich die neue Dubliner Regierung, also die irische Regierung, und die englische Regierung, entschlossen, eine Demarkationslinie zu ziehen. Schauen wir sie uns einmal auf einer Landkarte kurz an.

Diese Demarkationslinie wurde also um die sechs Grafschaften, die man unter dem Namen Ulster kennt, gezogen, mit der Hauptstadt Belfast. Diese sechs Grafschaften sollten vorläufig protestantisch bleiben, während im Süden der Freistaat Irland mit der Hauptstadt Dublin eben den Iren die völlige Selbstständigkeit garantierte. Nun, meine Damen und Herren, das sollte nur auf sechs Monate gezogen werden, diese Demarkationslinie. Nach sechs Monaten sollte Nordirland mit Irland vereint werden. Man hat geglaubt, dass man bis dahin den Widerstand der Protestanten brechen kann. Aber dem war nicht so, sie leisteten hartnäckig Widerstand. Sie glaubten nämlich zu Recht, dass ihre Treue zur englischen Krone und die Tatsache, dass sie eine andere Religion haben, dazu führen wird, dass die Iren Rache an ihnen nehmen würden. Sie kämpften also sozusagen um ihren physischen Bestand.

Und als dann der Zweite Weltkrieg kam, da war Irland neutral, ja sogar eine Zeitlang ein bisschen achsenfreundlich, Nordirland aber ein wichtiger Stützpunkt für die Engländer und die übrigen Alliierten. Und das hat den Nordiren als Belohnung eine autonome Regierung eingetragen. Prinzipiell sind England und Irland heute noch auf dem Standpunkt, dass die beiden Staaten vereinigt werden sollen. Prinzipiell ist man nicht abgegangen von der Idee, dass die ganze Insel einen Staat bilden soll. Aber die Protestanten haben sich etabliert, und sie haben seit 1962 eine autonome Regierung. Nun, im Norden leben eine Million Protestanten und im Süden 500.000 Katholiken.

Also stellten die Protestanten die absolute Mehrheit, sogar die Zweidrittelmehrheit. Im Freistaat wiederum leben drei Millionen Katholiken. Und diese Mehrheit haben sie nun in all dieser Zeit ausgenutzt, da sie sich immer bedroht gefühlt haben, vor dem Anschluss bedroht gefühlt haben, haben sie versucht, die katholische Minderheit zu unterdrücken. Ja, sie wollten sie durch die Unterdrückungsmaßnahmen zwingen, nach Irland auszuwandern und den Protestanten das Feld zu überlassen.

Und das begann damit, dass man ein sehr undemokratisches Wahlrecht eingeführt hat, ein Wahlrecht, das nur jenem die Stimme gibt, bei Kommunalwahlen wohlgemerkt, der einen bestimmten Besitzstand hat, der ein Steuerzahler ist und Steuern abliefert. Je mehr Steuern er abliefert, desto mehr Stimmen hat er. Es gibt einzelne protestantische Iren im Norden, die bis zu 16 Stimmen haben. Die Katholiken, die meist arm sind, oft keine Steuern zahlen, weil sie zu wenig verdienen, haben überhaupt kein Wahlrecht. Dadurch werden die Gemeinderäte und die Mehrheiten in den Rathäusern einfach protestantisch dominiert. Und diese Protestanten teilen dann Häuser, Arbeit, Arbeitsplätze, Schulen, Kirchen, andere Sozialvergünstigungen zu. Da sie aber sichergestellt haben durch dieses Wahlrecht, dass sie selbst dort die Mehrheit haben, wo die Katholiken in einzelnen Ortschaften an und für sich die Majorität bilden, haben die Protestanten diese Macht in der Hand und lassen diese Macht immer wieder gegen die Katholiken spielen. Das heißt, die Katholiken werden immer ärmer, die Protestanten immer wohlhabender. Je wohlhabender sie werden, desto größere politische Macht bekommen sie wieder. Nun hat schon die nordirische Regierung, die eine autonome Regierung ist, eingesehen, dass das auf die Dauer nicht so geht.

Im Jahre 1968 hat sich eine Bürgerrechtsbewegung in Nordirland gebildet. Eine Bürgerrechtsbewegung, der auch die junge Abgeordnete Bernadette Devlin angehörte. Diese Bürgerrechtsregierung hat versucht, durch Demonstrationen, durch Straßenkämpfe, durch ungeheuren Druck auf die nordirische Regierung dafür zu sorgen, dass jetzt Reformen durchgeführt werden, dass alle diese Ungerechtigkeiten abgeschafft werden. Und die nordirische Regierung war dazu bereit, weil sie natürlich auch von London unter Druck gesetzt worden ist. Aber das nordirische Parlament hat eine protestantische Mehrheit, und diese protestantische Mehrheit hat sofort jene Regierung gestürzt, die bereit war, Reformen durchzuführen. Mit anderen Worten: Die Katholiken sahen sich einer hoffnungslosen Situation ausgesetzt, haben daher ihre Bürgerrechtsbewegung noch verstärkt. Letzten Endes ist diese Bürgerrechtsbewegung heute eine Anschlussbewegung geworden. Anschluss an Irland, denn die 500.000 Katholiken im Norden sehen keine Möglichkeit mehr, gegen die protestantische Majorität je anzukommen. Aber gerade diesen Anschluss fürchten die Protestanten, haben Angst davor, dass Rache an ihnen geübt wird, und setzen ihre Unterdrückungsmaßnahmen umso härter fort. Das ist der Hintergrund.

Nun, was macht die Londoner Regierung? Schließlich ist Nordirland trotz seiner Autonomie ein Teil Großbritanniens. Aber diese Londoner Regierung war ja immer der Ansicht, es gehört zu Irland. Man wollte Nordirland ja gar nicht haben. Darüber hinaus ist diese Londoner Regierung der Meinung gewesen, wenn man den Nordiren die Autonomie gibt, dann hat man wenigstens nichts damit zu tun. Dann wird man nicht mitschuldig an den Gesetzen, die die Protestanten dort verabschieden. Aber dieser britische Standpunkt ist ein Bumerang gewesen, denn letzten Endes hat die Autonomie und damit die Machtvollkommenheit der Protestanten dazu geführt, dass es zu diesen Unterdrückungsmaßnahmen gekommen ist. Und letzten Endes muss die britische Zentralregierung in London jetzt für die Unruhen einstehen und muss für Ordnung sorgen.

Es gibt einen sehr freundschaftlichen Kontakt zwischen London einerseits und Dublin, also dem irischen Freistaat. Die Iren wollen nämlich Nordirland nicht unbedingt haben. Sie wollen sich die eine Million Protestanten nicht als Minderheit erwirtschaften und dann statt London die große Sorge mit Nordirland haben. Die beiden Zentralregierungen wollen also möglichst nichts damit zu tun haben. Sie stehen Gewehr bei Fuß, es ist ihnen einfach unangenehm. Aber so wird es nicht weitergehen. Wenn es jetzt tatsächlich zu diesen Auseinandersetzungen kommen sollte, die alle befürchten, dann wird die Londoner Regierung vielleicht das machen müssen, was eigentlich das ganze britische Volk schon seit längerem fordert: die Autonomie aufheben. Die britische Regierung direkt einsetzen, eine direkte Verwaltung für Nordirland und von London aus die Reformen diktieren, die das nordirische Parlament mit seiner protestantischen Mehrheit bisher nicht zugelassen hat. Aber leider Gottes sind die Voraussetzungen für einen so drastischen Schritt der Londoner Regierung nun einmal Chaos und beinahe Bürgerkrieg.

Denn ohne dass dort die Ordnung völlig aus dem Leim geht, wird die britische Regierung diese Sondermaßnahmen und diese direkte Regierungsgewalt nicht durchsetzen können.

Auf Wiederhören und auf Wiedersehen.

Die von Hugo Portisch geschilderte Situation verschlimmerte sich noch weiter, als sich die Beziehungen zwischen dem Irischen Freistaat und der Londoner Regierung verschlechterten. Die englischen Soldaten, die nach Nordirland gesendet wurden, um im Konflikt zu vermitteln, verloren bald die Akzeptanz der Katholiken und wurden zu Feindbildern.

Die Situation eskalierte immer weiter.

»Troubles« in Nordirland
11. August 1971

Guten Abend, meine Damen und Herren. Die Auseinandersetzungen in Nordirland haben einen neuen Höhepunkt erreicht. So schlimm, wie es in den letzten Tagen war, war es in den vergangenen fünfzig Jahren, seit es den Freistaat Irland und das abgetrennte Nordirland gibt, eigentlich noch nie. Es gibt über zwanzig Tote. Wie viele genau, weiß man nicht, denn die Angehörigen verstecken die Leichen, um die polizeilichen Untersuchungen nicht auf sich zu ziehen.

Es gibt niedergebrannte Wohnviertel, es gibt Bombenanschläge, Straßenschlachten, und die Unruhen sind noch lange nicht zu Ende. Der Gesamtschaden allein beträgt hundert Millionen Schilling. Nun, das auslösende Moment für diese Unruhen waren zwei Fehlzündungen. Zwei Fehlzündungen von einem Lastkraftwagen, die britische Soldaten irrtümlich als Schüsse angesehen haben. Und sie haben zurückgeschossen, haben den Chauffeur getötet. Der Chauffeur war Vater von sechs Kindern, und er war Katholik. Das allein hat natürlich genügt, um alle Emotionen der katholischen Bevölkerung in Nordirland zu mobilisieren. Das hat aber auch genügt, um dann die Protestanten auf die Straße zu rufen, die diese Gegenwehr der Katholiken wieder abgewehrt haben. Dadurch kam es jetzt zu diesen schweren, blutigen Auseinandersetzungen.

Aber es war eben nur ein auslösendes Moment, denn dahinter steht etwas anderes. Der nordirische Premierminister Faulkner hat in der letzten Zeit eine Gesetzgebung im Parlament eingereicht, eine Gesetzgebung, die mit den sozialen Ungerechtigkeiten in Nordirland endlich Schluss machen soll. Es ist eine Gesetzgebung, die sich vorwiegend für die Katholiken und gegen die Protestanten auswirken würde. Und gegen diese Gesetzgebung waren nun beide Seiten. Denn die Protestanten wollen natürlich ihre Vorrechte nicht verlieren. Und die Katholiken andererseits denken schon viel mehr an einen Anschluss an Irland und haben daher nicht mehr so viel Interesse daran, dass ihnen jetzt [*in Nordirland*] halbwegs Gerechtigkeit widerfährt, sondern sie wollen eigentlich die Sache zum Kulminationspunkt bringen, um unter Umständen den Anschluss an Irland zu erwirken.

Es ist also viel weniger ein Religionskrieg, als es nach außen hin den Anschein hat. Es ist in Wirklichkeit eine soziale Auseinandersetzung zwischen etwas Privilegierten und stark Unterprivilegierten, aber in Wirklichkeit einer gesamten, sehr armen Bevölkerung. Denn Nordirland ist sehr arm, weil die Arbeitsplätze sehr dünn gesät sind, weil es eine hohe Arbeitslosigkeit gibt, weil man kaum neue Arbeitsplätze schafft, weil es eine sehr schlechte Wohnkultur gibt, nur alte Wohnungen gibt, schlechte Schulen gibt. Daher hat die protestantische Mehrheit, es gibt eine Million Protestanten in Nordirland, die katholische Minderheit, es gibt nur eine halbe Million Katholiken in Nordirland, zu unterdrücken versucht. Das geht schon vom Wahlrecht aus. Nur wer eine bestimmte Summe Einkommen hat, darf überhaupt wählen, kann von seinem Wahlrecht Gebrauch machen. Daher haben die bessergestellten Protestanten sich in die besseren politischen Positionen gebracht, in die Gemeindeverwaltungen, Landesverwaltungen und in die autonome Parlamentsverwaltung. Und von dort her haben sie die Gesetze wieder so reguliert, dass die Arbeitsämter in ihrer Hand sind, daher die besseren Arbeitsplätze wieder nur an Protestanten gehen, dass die Wohnungsämter in ihrer Hand sind, daher die guten Wohnungen und sozialen Wohnbauten wieder in die Hände der Protestanten gelangen und natürlich auch die Schulbauten. Wenn aber die katholische Bevölkerung ihre Kinder nicht in gute Schulen schicken kann, können sie wieder nicht so viel lernen, dass sie bessere Arbeitsplätze haben können. Es war also eine dauernde soziale Ungerechtigkeit, eine dauernde soziale Unterdrückung in einem an und für sich sehr armen Land.

Die Engländer sind gar nicht glücklich über dieses Problem. Nordirland bringt ihnen nichts, ist nur eine Belastung. Sie würden es ganz gern abgeben. Sie haben sich an sich nicht sehr viel um diese Nordiren gekümmert. Irland selbst aber, das nun ein nationales Ziel hätte, die Wiedervereinigung, mag die eine Million Protestanten nicht nach Irland inkorporieren, denn das bildet wieder eine Minderheit, und zwar eine sehr starke Minderheit, einen Unruheherd, von dem Irland zurzeit frei ist. Und weil die beiden Mächte, die an und für sich verantwortlich wären für dieses Gebiet, Großbritannien auf der einen Seite, die Republik Irland auf der anderen Seite, sich nicht um dieses Gebiet gekümmert haben, müssen sich die Minderheiten dort, also die eine Million Protestanten und die 500.000 Katholiken, die Dinge selbst ausmachen, und daher kam die ungerechte Gesetzgebung, daher kam eigentlich das Übel. Wenn es jetzt dem Premierminister Faulkner gelingt, durch seine Ausnahmegesetzgebung noch einmal Ruhe herzustellen und dann die prokatholische Gesetzgebung durchzuziehen, dann kann er die Situation vielleicht noch retten.

Aber es ist sehr fraglich, ob in dieser erhitzten Atmosphäre so etwas überhaupt noch möglich ist.

Auf Wiederhören und auf Wiedersehen.

Die »Troubles«, wie der Konflikt im Volksmund heißt und die in den 1960er Jahren begannen, sollten bis in die späten 1990er Jahre andauern. Zu den dramatischsten Ereignissen zählen etwa der Bloody Sunday (Blutsonntag) im Jahr 1972, bei dem 13 unbewaffnete Demonstranten von britischen Fallschirmjägern erschossen wurden, oder der Bloody Friday (Blutfreitag) im selben Jahr, bei dem in Belfast über zwanzig Bomben explodierten und zahlreiche Menschen töteten und verletzten.

Erst am 10. April 1998 fand der Nordirland-Konflikt mit dem Karfreitagsabkommen sein lang ersehntes Ende. Die irische und die britische Regierung einigten sich auf einen endgültigen Waffenstillstand. Nordirland ist heute Landesteil des Vereinigten Königreichs. 55 Prozent der Nordiren stimmten beim Brexit-Votum 2016 für einen Verbleib in der EU. Der Austritt Großbritanniens aus der EU sorgte für eine erneute Diskussion um eine »harte Grenze« zwischen der Republik Irland und Nordirland, die vor den von Hugo Portisch analysierten Auseinandersetzungen verstanden werden muss.

Teil IV

DER LANGE WEG ZUR EU

Wie aus Konkurrenten und historischen Feinden Verbündete wurden

Eine französisch-deutsche Liebesgeschichte

Die Beziehungen zwischen Deutschland und Frankreich reichen weit zurück, entstanden beide Länder doch einst aus dem gleichen Reich: Im 9. Jahrhundert regierte Karl der Große über das Fränkische Reich, das sowohl das heutige Deutschland als auch Frankreich umschloss. Nach dem Tod Karls wurden die beiden Gebiete getrennt: Das Ostfrankenreich wurde zum Heiligen Römischen Reich Deutscher Nation, aus dem viele Jahrhunderte später Deutschland hervorging, und aus dem Westfrankenreich entwickelte sich das heutige Frankreich.

Die Rivalitäten zwischen diesen beiden Nationen begannen also bereits früh und zogen sich durch die Jahrhunderte. Der habsburgisch-französische Gegensatz zwischen dem Hause Habsburg, das durch geschickte Heiratspolitik zahlreiche Gebiete Europas unter seine Macht bringen konnte, und dem Königreich Frankreich zog sich über mehrere Jahrhunderte. Einige der Konflikte zwischen diesen beiden Nationen sind der Dreißigjährige Krieg (1618–1648), der Spanische Erbfolgekrieg (1701–1714), die Napoleonischen Kriege (1792–1815) sowie der Deutsch-Französische Krieg (1870–1871).

Sowohl im Ersten wie auch im Zweiten Weltkrieg standen sich die beiden Nationen gegenüber. Nach der Niederlage Deutschlands im Zweiten Weltkrieg wurden deutsche Gebiete von französischen Truppen besetzt. Kaum ein Jahrhundert, in dem kein Konflikt zwischen diesen beiden Ländern Europa erschütterte. Ist bei einer so langen und feindseligen Geschichte eine friedliche Koexistenz überhaupt möglich?

Die Gründung der Europäischen Gemeinschaft für Kohle und Stahl (EGKS) schien eine erste Annäherung beider Länder unter dem Zeichen wirtschaftlicher Zusammenarbeit zu bringen. Der französische Staatspräsident Charles de Gaulle und der deutsche Bundeskanzler Konrad Adenauer unterzeichneten 1963 den Élysée-Vertrag und legten damit den Grundstein für eine deutsch-französische Zusammenarbeit. Der Vertrag gilt als Symbol für die Aussöhnung der beiden Nationen.

Besonders ab den 1970er und -80er Jahren arbeiteten Deutschland und Frankreich eng zusammen, um die europäische Integration voranzutreiben, was letztendlich zur Gründung der Europäischen Gemeinschaft, der späteren Europäischen Union, führte. Portisch berichtete darüber im Zuge eines Besuchs des damaligen französischen Präsidenten Valéry Giscard d'Estaing in Bonn, der damaligen Hauptstadt der Bundesrepublik Deutschland.

Paris und Bonn

7. Juli 1980

Meine Damen und Herren, ein französischer Staatspräsident, der auf dem Gebiet der Bundesrepublik Deutschland Deutsch spricht, und eine Meinungsumfrage am Vorabend dieses französischen Besuchs, veröffentlicht in Frankreich, die aussagt, dass die Franzosen unter allen Menschen der Welt die Deutschen am liebsten haben. Sie reihen sie an höchster Stelle der Beliebtheit, und sie wären auch einverstanden damit, mehrheitlich, dass ein Deutscher ein Vereinigtes Europa eines Tages anführen könnte.

Unglaublich eigentlich, wenn man das deutsch-französische Verhältnis der Vergangenheit als Maßstab zu Rate zieht. Und das zeigt auch, welchen großen Weg, welchen langen Weg das deutsch-französische Verhältnis gegangen ist, seit es zur Aussöhnung zwischen Konrad Adenauer und Charles de Gaulle gekommen ist und wo dieses Verhältnis heute steht. Giscard d'Estaing hat also vollkommen recht, wenn er in seiner Rede sagt: Die Zeit der Versöhnung ist vorüber. Jetzt ist die Zeit des gemeinsamen Handelns, des gemeinsamen Vorwärtsgehens gekommen, und beide Staaten müssten danach trachten, Europa das Gewicht in der Weltpolitik zurückzugeben, das ihm seit jeher gebührt. Schöne Worte, und zweifellos ist Europa dafür schon seit langem bereit.

Aber es hinkt gerade auch an diesen beiden Staaten, diesen Zustand herbeizuführen. Heute wissen Schmidt und Giscard d'Estaing, dass da trotz der schönen Worte praktische Hindernisse am Wege liegen. Europa ist keine Supermacht geworden, gerade weil es sich nicht dazu entwickelt hat. Die Sowjetunion, die USA, das sind zwei Supermächte. Europa ist vom Handeln der Sowjetunion abhängig und auch vom Schutz und Schirm der USA nach wie vor abhängig. Die Bündnisse lassen sich also noch durch nichts ersetzen. Die NATO ist wichtig für Europa. Auch die USA als Vertragspartner sind wichtig für Europa. Aber sie wissen auch, dass das auf die Dauer nicht unverändert so bleiben kann. Man muss ja nur eine Frage stellen: Werden die Amerikaner in zwanzig, in fünfzig, in hundert Jahren noch in Berlin sein? Dann weiß man schon, dass Europa etwas für sich selbst zu tun hat. Und sie wissen auch, Giscard und Schmidt, was das ist. Es muss gestärkt werden. Wirtschaftlich ist es stark, aber die Europäische Wirtschaftsgemeinschaft zerfleischt sich im Kleinkrieg. Sie muss gestärkt werden. Sie muss wiederum eine neue, starke Dimension bekommen. Und daraus heraus sollte mit der Zeit auch eine eigene europäische Verteidigung entstehen und aus allem heraus das politische Gewicht Europas.

Wie tut man das? Das wird der Inhalt der Gespräche zwischen Giscard d'Estaing und Schmidt in den nächsten fünf Tagen sein.

Die Europäische Gemeinschaft lässt sich stärken. Sie wissen, der französische Staatspräsident hat Bedenken angemeldet, dass jetzt neue Mitglieder, Spanien, Portugal, Griechenland, aufgenommen werden, während die Europäische Gemeinschaft schon den letzten Beitritt der Engländer, Dänen und Iren nicht ganz verdaut hat. Nun, da kann man aber etwas machen und seit längerem sind diese Ideen im Gespräch, nämlich einen harten Kern innerhalb der Gemeinschaft bilden aus jenen Staaten, die bereit sind, auch eine harte Währung zu haben, die bereit sind, ihre Wirtschaften stärker zu koordinieren, eine gemeinsame Wirtschaftspolitik zu machen, und einen weichen Rand der Staaten, die da noch nicht mitkönnen, die dann ein bisschen nachhinken. England wird sich zu überlegen haben, ob es zum harten Kern gehört oder zum weichen Rand. Aber so ließe sich die Europäische Wirtschaftsgemeinschaft von innen her ziemlich rasch stärken.

Die Franzosen haben erst vor wenigen Tagen angekündigt, interessanterweise unmittelbar vor dem Besuch Giscard d'Estaings in der deutschen Bundesrepublik, dass sie die Absicht haben, in den nächsten Jahren eine Neutronenwaffe zu entwickeln. Sie wissen, meine Damen und Herren, diese Neutronenwaffe wäre für Deutschland ganz besonders wichtig, denn es ist eine Waffe, die zwar Menschen vernichtet, aber Sachwerte stehen lässt. Das hat man sehr gegen diese Waffe gehalten. Aber ein Staat, der sich auf seinem eigenen Territorium zu verteidigen haben müsste, wie die Bundesrepublik Deutschland, muss natürlich daran interessiert sein, dass die feindlichen Truppen vernichtet werden, aber doch die eigenen Städte nicht. Daher hat Deutschland auch seinerzeit für die Neutronenwaffe optiert. Frankreich böte sie nun an, ein europäischer Verbündeter, der diese Waffe hat.

Also es zeichnen sich da schon Möglichkeiten ab, Europa zu stärken, wirtschaftlich, vielleicht auch verteidigungsmäßig. Aber es wäre eine Illusion zu glauben, dass das über Nacht geht, dass jetzt Giscard d'Estaing und Schmidt über Nacht beschließen können: Jetzt machen wir Europa stark. Es wird ein langsamer Weg sein.

Aber gerade wenn man vergleicht, von 1962 bis jetzt, De-Gaulle-Staatsbesuch und Giscard-d'Estaing-Staatsbesuch, dann muss man sagen: Der Weg war lang, aber es ist ungeheuer viel erreicht worden. Und daher, wenn man jetzt einen neuen Anfang setzt, wird man wiederum mehr erreichen können, als man so schlechthin in der Öffentlichkeit glaubt.

Durch die Verbindung der europäischen Wirtschaft in verschiedenen Gemeinschaften (Atomgemeinschaft, Gemeinschaft für Kohle und Stahl, Wirtschaftsgemeinschaft), banden sich europäische Staaten auch politisch immer stärker aneinander. 1957 beschlossen in den Römischen Verträgen neben Deutschland und Frankreich auch Belgien, Italien, Luxemburg und die Niederlande die Europäische Wirtschaftsunion (EWG).

Dieser traten 1973 Dänemark, Irland und das Vereinigte Königreich bei, in den 1980er Jahren kamen Griechenland, Portugal und Spanien hinzu.

Nach dem Fall des Eisernen Vorhangs und der Wiedervereinigung Deutschlands 1989 wurde 1992 der Vertrag von Maastricht geschlossen und damit die Europäische Gemeinschaft (EG) begründet. Eine gemeinsame

Wirtschafts- und Währungsunion wurde beschlossen sowie eine Koordinierung der Außen- und Sicherheitspolitik.

Dieser EG traten 1995 Finnland, Österreich und Schweden bei. Die 2000er Jahre standen im Zeichen der »Osterweiterung«, bei der man ehemaligen Staaten des »Ostblocks« eine neue Heimat bot. So traten 2004 mit Estland, Lettland, Litauen, Polen, der Slowakei, Slowenien, der Tschechischen Republik und Ungarn gleich neun ehemalige »Ostblock«-Staaten bei, sowie Malta und Zypern. 2007 folgten Bulgarien und Rumänien. Mit den Verträgen von Lissabon 2009 wurde die EG offiziell zur Europäischen Union (EU), obwohl sich dieser Name schon längst festgesetzt hatte.

2013 kam als bisher letztes Land Kroatien zur EU. 2020 trat mit dem Vereinigten Königreich das erste Land wieder aus der EU aus. Die von Portisch angesprochene Debatte über eine gemeinsame Sicherheitspolitik (Stichwort EU-Armee) ist spätestens nach dem russischen Angriffskrieg auf die Ukraine wieder in den Fokus der Öffentlichkeit gerückt.

Großbritannien und Europa: Eine wechselhafte Beziehung

Nach Ende des Zweiten Weltkriegs war der englische Premierminister Winston Churchill einer der lautesten Verfechter für ein vereintes Europa, um künftige Kriege zu vermeiden und ein friedlicheres Zusammenleben der Völker zu ermöglichen. Allerdings war Europa für ihn Kontinentaleuropa, Großbritannien sah er nicht als Teil davon. Das Vereinigte Königreich hatte mit seinem *Commonwealth of Nations* bereits eine Art Staatenbund, dem sie vorstanden, mit Mitgliedstaaten auf der ganzen Welt.

Die Zusammenarbeit europäischer Länder begann zunächst 1951 mit Wirtschaftsorganisationen wie der Europäischen Gemeinschaft für Kohle und Stahl (EGKS). Diese Zusammenarbeit wurde in den nächsten Jahrzehnten intensiviert (siehe Seite 149). Bald schon erlebte Kontinentaleuropa einen wirtschaftlichen Aufschwung. Ganz im Gegensatz zu Großbritannien, wo die Wirtschaft im Vergleich zu Resteuropa stagnierte.

1961 brachte daher der britische Premierminister Harold Macmillan eine Kampagne für den Beitritt Großbritanniens zur inzwischen weiterentwickelten Europäischen Wirtschaftsgemeinschaft (EWG) ein. Doch dieser Antrag, genauso wie jener sechs Jahre später, 1967, scheiterte am Veto des französischen Staatspräsidenten Charles de Gaulle.

Dieses Veto de Gaulles folgte politischen Überlegungen: Großbritannien arbeitete sehr eng mit den USA zusammen. De Gaulle sah mit einem Eintritt Großbritanniens in die europäische Gemeinschaft die Tür für die amerikanischen Interessen geöffnet, die dieser auf Distanz halten wollte. Alle anderen EWG-Staaten (Belgien, Westdeutschland, Italien, Luxemburg und die Niederlande) unterstützten den Beitritt.

Erst nach de Gaulles politischem Rückzug 1969 (siehe Seite 107.) war der Weg frei für die Aufnahme Großbritanniens in die EWG. Die politische Diskussion dieser Zeit wurde also von der gemeinsamen Zukunft Großbritanniens in Europa bestimmt. Über dieses Thema spricht Hugo Portisch mit Prinz Philip, Prinzgemahl von Königin Elisabeth II. und Vater von König Charles III.

Der damals 48-jährige Royal spricht viele Themen an, die auch heute noch brandaktuell sind. Etwa das Gleichgewicht zwischen staatlichen und privatwirtschaftlichen Interessen, um eine florierende Wirtschaft zu schaffen, die nicht auf Kosten der Menschen geht. Er ist sich des fragilen Gleichgewichts des Wohlfahrtstaats und der Problematik bewusst, dass Menschen aus wirtschaftlich schwächeren Ländern in reichere Länder auswandern könnten. Auch erkennt Prinz Philip die Konfliktpotenziale unterschiedlicher Kulturen, die in einem vereinten Europa aufeinandertreffen.

Hugo Portisch im Gespräch mit Prinz Philip

6. Oktober 1969

Portisch: Ich würde sagen, dass im letzten Jahrzehnt viele Menschen in Europa, auf dem europäischen Festland, das Gefühl hatten, dass es auf der anderen Seite des Kanals ein erkranktes Volk gibt. England ist eine wirtschaftlich kranke Nation, wegen der Schwierigkeiten mit den Währungen, wegen der Schwierigkeiten mit den Arbeitskräften, wegen der vielen Streiks, und wir erinnern uns noch an den letzten Kampf, den Ihr Premierminister hier wegen der gewalttätigen Streiks in England führen musste. Dennoch hat man, wenn man nach England kommt, wenn man nach London kommt, wenn man mit den Menschen hier spricht, das Gefühl, dass der Geist Englands einer der fortschrittlichsten und modernsten ist. London ist heute in seinem Geiste die modernste Stadt Europas. Wie erklären Sie sich das?

Prinz Philip: Es ist fast unmöglich, die Situation in wenigen Sätzen zu analysieren, aber ich würde sagen, dass man sich grob an die gesamte Situation bis zum letzten Krieg erinnern muss. Da war der Krieg, und was während dieses Krieges in Europa geschah, ist abzuheben von dem, was in diesem Land geschah.

Am Ende des Krieges mussten alle europäischen Länder einen gewaltigen Umbruch durchmachen, weil sie besetzt und zerstört worden waren. Das Ergebnis ist, dass in den ersten zehn oder fünfzehn Jahren nach dem Krieg alles davon abhing, was in diesem Land produziert und verkauft werden konnte, damit alles in Betrieb genommen wurde. Anstatt wiederaufgebaut zu werden, produzierte die gesamte Branche mit dem, was sie zu diesem Zeitpunkt hatte, alles, was möglich war. In dieser Zeit baute Europa seine eigenen Industrien nach modernen Maßstäben wieder auf. Es hat seine Gewerkschaftssysteme neu organisiert, weil sich alles verändert hatte.

Dieser Prozess der Umstrukturierung, Anpassung und Weiterentwicklung zu modernen Techniken hat in diesem Land, in Großbritannien, erst später stattgefunden, als er im Vergleich zum Rest Europas hätte stattfinden sollen. Das ist im Großen und Ganzen das Problem. Es gibt aber noch andere Probleme. Wenn Sie beispielsweise mit einer Sache der Erste auf einem Gebiet sind, sind Sie immer auch der Erste, der nicht mehr auf dem neuesten Stand ist.

Portisch: Ja, das stimmt.

Prinz Philip: Beispielsweise wuchs hier die Gewerkschaftsbewegung, sie entwickelte sich, das ganze System der Zünfte entwickelte sich hier. Und es entwickelte sich in einer Zeit einer Industriestruktur, die es nicht mehr gibt. Um eine Neuausrichtung durchzuführen, müssen wir versuchen, eine Organisation neu auszurichten, die für eine bestimmte Situation konzipiert wurde, und diese Situation hat sich nun geändert. Das gilt für viele andere unserer Institutionen, und das gilt derzeit auch für sehr viele Institutionen in Europa.

In der Zwischenzeit sind noch weitere Probleme aufgetaucht, die für uns zu Komplikationen geführt haben. Ich denke, eines der Hauptprobleme ist, dass sich das gesamte System, in dem die Menschen beschäftigt sind und arbeiten, verändert hat. Es wird jetzt viel Wert auf die Herstellung von Dingen gelegt, auf den Aufbau großer Industrien und gut organisierter Arbeitskräfte-Strukturen. Das führt meiner Meinung nach dazu, dass eine Art von Individualität zerstört wird, das Gefühl, dass ich etwas selbst erschaffe. Ich denke, ein großer Teil der Unzufriedenheit hat mit einer Art menschlicher Unzufriedenheit zu tun, nicht speziell mit der Unzufriedenheit über die tatsächlichen Bedingungen. Mehr eine Unzufriedenheit mit dieser gesamten megalithischen Industriestruktur, die in den letzten Jahren herangewachsen ist.

Portisch: Diese Unzufriedenheit findet man natürlich bis zu einem gewissen Grad überall auf der Welt, insbesondere unter der Jugend. Aber ist diese Unzufriedenheit zum Beispiel auch der Grund für die Streiks?

Prinz Philip: Zum Teil ja, ich denke, zumindest teilweise. Teilweise ist die Organisation schwierig. Wie gesagt, sowohl die Arbeitgeber auf der einen als auch die Gewerkschaften auf der anderen Seite sind in eine Situation geraten, die unpassend zu ihrem Verhältnis zueinander und unpassend zu den Problemen ist, mit denen sie zu kämpfen haben. Und irgendwie müssen wir aus dieser Situation wieder herauskommen.

Portisch: In Ordnung. Nun haben wir eine gute Erklärung dafür, warum Großbritannien in gewisse Wirtschafts- und Währungsschwierigkeiten geraten ist. Aber es gab noch keine Erklärung dafür, warum Großbritannien dennoch ein so modern denkendes, fortschrittliches Land ist?

Hugo Portisch in London im Gespräch mit Prinz Philip

Prinz Philip: Nun, weil ich denke, dass die Menschen die richtigen Ideen haben. Die Ideen sind da, aber die Problematik besteht darin, sie in die Tat umzusetzen. Vergessen Sie außerdem nicht, dass wir in diesem Land lange vor allen anderen auf dieser Grundlage einen Wohlfahrtsstaat geschaffen haben. Und ein Wohlfahrtsstaat ist, denke ich, und das haben selbst die Leute in diesem Land, die ihn am meisten unterstützen, nun allgemein akzeptiert, ein sehr teures Geschäft. Eines der Probleme, die wir lösen müssen, besteht darin, die Kosten unseres internen Wohlfahrtsstaats mit den externen Zahlungsbilanzgeschäften in Relation zu setzen. Auch das ist ein Prozess, der vorerst aus dem Gleichgewicht geraten ist.

Ich denke allerdings, dass es nur eine Frage der Zeit ist, bis wir wieder ins Gleichgewicht kommen. Denn ich habe keinen Zweifel daran – im Allgemeinen glaube ich, dass sich dies angesichts der Ressourcen, der natürlichen Ressourcen, der Ressourcen an Arbeitskräften, Fähigkeiten, Intelligenz und Ideen in diesem Land genauso wenig geändert hat wie in Europa, und die Europäer haben seit Hunderten von Jahren eine enorme Fähigkeit bewiesen, neue Ideen hervorzubringen, Dinge zu erschaffen und sich kompetent und effizient zu organisieren. Ich denke, das werden wir auch erneut tun.

Portisch: Natürlich gibt es heute bestimmte neue Entwicklungen, zum Beispiel den Braindrain [*die Abwanderung von Wissenschaftlern*]. Das bedeutet einerseits, dass sich eine starke und reiche Nation wie Amerika, leisten kann, die besten europäischen Köpfe aufzukaufen. Andererseits haben sich die Methoden der Industrie verändert. Ich meine, heute geht es großen Konzernen, großen Unternehmen, die auf dem gesamten Kontinent, vielleicht auf der ganzen Welt, investieren, viel besser als kleineren Unternehmen. Es gibt einen großen Wandel im industriellen Muster. Wie sehen Sie das also in England? Der Braindrain ...

Prinz Philip: Nun, ich denke, unsere Herausforderung besteht hier darin zu entscheiden, was wichtig ist. Ist der Wirtschaftsnationalismus besser, steht das, was dieses Land tut, in Relation zu dem, was dem Land in seiner Vorstellung wichtig ist?

Wenn wir über die Zusammenarbeit zwischen Ländern sprechen, handelt es sich dann um die Zusammenarbeit zwischen Regierungen, zwischen Organen wie der EWG [*Europäischen Wirtschaftsgemeinschaft*] oder der OECD [*Organisation für wirtschaftliche Zusammenarbeit und Entwicklung*], bei denen es sich um Regierung-zu-Regierung-Systeme handelt? Oder meinen wir mit Kooperation internationale Unternehmen? Wenn es um das Interesse amerikanischer Unternehmen an Europa geht, handelt es sich dabei nicht auch um eine Form der Zusammenarbeit? Ist die Tatsache, dass sie Menschen in verschiedenen Nationen beschäftigen, die alle die gleiche Arbeit erledigen, nicht auch eine Form der Zusammenarbeit?

Dennoch zweifeln die Menschen und sagen: »Nein, das ist gegen unsere Interessen, weil wir alles selbst machen wollen. Es muss vollständig britisch oder vollständig österreichisch oder vollständig deutsch sein.« Und bei einem Braindrain handelt es sich tatsächlich um Menschen, die sich für eine bestimmte Beschäftigung entscheiden. Nun, das ist ihre Freiheit. Das ist Bewegungsfreiheit.

Mir scheint, dass es das ist, woran wir glauben: dass es den Menschen erlaubt sein sollte zu gehen, das zu tun, was sie tun möchten. Was möchten sie tun? Man kann nicht um jedes Land herum einen weiteren eisernen Vorhang errichten und sagen: »Du bist hier geboren, du wirst verdammt noch mal hier leben, und du wirst verdammt noch mal für uns und sonst niemanden arbeiten.« Das ist lächerlich.

Portisch: Ja, definitiv. Andererseits sehen die Menschen diesen überwältigenden Industriekomplex, der so viele Branchen, so viele Fabriken und so viele Arbeitskräfte einnimmt. Und dieser überwältigende Industriekomplex ist der amerikanische. In diesem Zusammenhang wissen Sie natürlich und auch einige Franzosen, dass die Amerikaner Kontinentaleuropa übernehmen, aber mithilfe der Briten.

Prinz Philip: Na ja, ich bin mir da nicht so sicher. Ich denke, je weiter sich die Amerikaner verbreiten, desto mehr werden sie durch die Menschen, die sie in Europa beschäftigen, beeinflusst. Und ich denke, dass die Talente in Europa so groß sind, dass ich auf lange Sicht davon ausgegangen wäre, dass sie damit anfangen werden, das rein Amerikanische zu verdrängen.

Darüber hinaus denke ich, dass Sie feststellen werden, dass die großen amerikanischen internationalen Konzerne diesbezüglich sehr sensibel sind. Sie reagieren sehr sensibel darauf zu dominieren. Und sie geben sich große Mühe, lokale Arbeitskräfte und lokale Manager zu rekrutieren. Ich denke, das ist sehr wichtig. Man profitiert davon.

Darüber hinaus sind diese sehr großen Unternehmen auf lange Sicht starr und unflexibel und konzentrieren sich lediglich auf eine bestimmte Aufgabe. Wenn es sich um ein Konglomerat handelt, hängt es stark von seinem Managementpotenzial und vielleicht von ein oder zwei Einzelpersonen ab. Aber in gewisser Weise komme ich selbst nicht umhin, das Gefühl zu haben, dass wir viel stärker in die Volkswirtschaften des anderen integriert werden sollten.

Ich bin überhaupt nicht davon überzeugt, dass die Alternative zu diesem internationalen Unternehmen, über das wir reden, ein starrer, nationalistischer Ansatz für unsere Wirtschaft ist und dass wir ein Unternehmen haben müssen, das völlig von unserem eigenen Land dominiert ist. Ich glaube jedenfalls nicht, dass man das schaffen kann.

Schauen Sie, was passiert. Die Wirtschaft der Länder ist in hohem Maße von ihren natürlichen Ressourcen abhängig. Wenn ein Land nun vollständig aus Sand besteht, verfügt es über keine natürlichen Ressourcen, egal wie brillant es ist. Was tun Sie nun, wenn Menschen dort leben wollen? Mir scheint, man muss ihnen die Möglichkeit geben, dennoch für jemanden arbeiten zu können.

Portisch: Andererseits könnte man natürlich darüber streiten und darüber nachdenken, warum die Amerikaner so effizient sind. Warum machen sie gewisse Dinge so viel besser? Weil sie einen großen Markt haben. Weil sie viel Geld haben. Weil sie diese konzentrierten Industriekomplexe haben. Können wir in Europa nicht etwas Ähnliches aufbauen? Nicht explizit gegen Amerika, sondern einfach, um ein gleichberechtigter Partner für Amerika zu sein. Können Sie sich in diesem konkreten Zusammenhang eine stärkere europäische Zusammenarbeit vorstellen?

Prinz Philip: Nun, meiner Meinung nach wären die besten Bereiche für eine europäische Zusammenarbeit, vor allem weil sie weitgehend auf staatlicher Ebene erfolgen muss, die Gestaltung der Infrastruktur, der Wirtschaft, auf kooperativer Basis. Im Allgemeinen sind es ja die Kulturen, die die Nationen trennen, und nicht ihre Technologien. Schließlich ist ein Auto ein Auto. Es spielt keine Rolle, wer es macht. Das ist nicht wichtig. Daher denke ich, dass der Bereich, in dem wir sehr viel stärker zusammenarbeiten könnten, die Infrastruktur in den Bereichen Post und Telegrafie, Kommunikation, Stromversorgung und Verkehr ist.

Es gibt ein ganzes Tätigkeitsfeld, das von den Regierungen erledigt werden muss. Nun scheint mir, dass diese durch internationale Spezialistenstrukturen viel effektiver erledigt werden könnten.

Jede internationale Zusammenarbeit, insbesondere auf Regierungsebene, bedeutet auch, dass jedes Land, jeder Partner einen Teil seiner Souveränität aufgeben muss. Deshalb besteht das Geheimnis darin, den Teil der eigenen Souveränität aufzugeben, der einem nicht viel ausmacht.

Generell glaube ich nicht, dass es die Leute kümmert, woher ihr elektrisches Licht oder ihr Gas kommt und wer es bereitstellt, vorausgesetzt es geht nicht ständig kaputt. Daher sind dies die Bereiche, in denen wir zwischenstaatliche Zusammenarbeit betreiben können. Wenn es nun um die Herstellung und Produktion von Produkten geht, dann bin ich mir ziemlich sicher, dass wir uns auf internationale, private Unternehmen verlassen müssen, die nach eigenem Willen entscheiden und mit einem bestimmten Ziel zusammenarbeiten. Und das funktioniert sehr gut. Die größten Unternehmen in diesem Land beispielsweise sind anglo-niederländisch. Soweit ich weiß, arbeiten sie seit fünfzig Jahren eng zusammen, und es gibt keinen Grund, warum das nicht so weitergehen sollte.

Portisch: Weil Sie englisch-niederländisch erwähnt haben, es gibt jetzt auch ein englisch-niederländisch-deutsches Projekt zur Kernforschung. Wäre das eine Form der Zusammenarbeit, die Sie sich als künftige Lösung für die Abwanderung von Fachkräften und als Chance zur Entwicklung der zweitmächtigsten Industrie hinter der amerikanischen vorstellen können?

Prinz Philip: Sehen Sie, es gibt ein großes Problem. Betrachten wir zum Beispiel die Flugzeugindustrie Europas, die sehr interessant ist, denn wenn man alle Flugzeugindustrien Europas zusammennimmt, ist sie tatsächlich groß genug, um den gesamten zivilen und militärischen Bedarf Europas zu decken.

Aber, aufgrund der Art und Weise, wie die Regierungen entweder ihre Zusammenarbeit organisieren oder eben nicht – irgendjemand muss sie noch kaufen. Wenn man den Abnehmern die Entscheidungsfreiheit lässt, ist die Regierung, egal welche Kooperation sie eingeht, immer noch in der Position eines Produzenten. Es muss immer noch ein begehrenswertes Gut produziert werden. Das macht es sehr schwierig, weil es bereits auf dem Markt ist. Bei all unseren Diskussionen über die Produktion sagen Regierungen, anstatt ein Risiko einzugehen: »Nein, wir sind eine Regierung und wir werden diese Sache regeln. Wir dürfen kein Risiko eingehen. Wir müssen eine Garantie haben, dass jemand unsere Produkte kauft.«

Nun, ich weiß nicht, ob das unbedingt der richtige Weg ist. Dies gilt ebenso für die nukleare Produktion. Sie können ein gemeinsames Team gründen, aber wenn Sie nicht wissen, ob jemand das Produkt tatsächlich kaufen wird, verschwenden Sie Geld. Und ich weiß nicht, wie die Antwort darauf lautet. Ich meine, natürlich sollten wir so etwas tun. Wir sollten Flugzeuge für Europa produzieren. Wir sollten Atomkraftwerke für Europa bauen. Aber wenn es auf der einen Seite einen Käufer gibt, der frei ist, und auf der einen Seite einen Produzenten, der nicht weiß, ob sein Produkt gekauft wird, dann bleibt man auf der Strecke, und jemand anderes springt dazwischen und sagt: »Wir haben das Ding schon längst gebaut, keine Sorge.«

Portisch: Aber es ist interessant, dass Sie sagen, dass Sie die Antwort nicht kennen. Ich gehe davon aus, dass Sie viele Ratschläge erhalten, und ich gehe davon aus, dass diese sehr interessant sind. Wir wissen, dass Sie sich hier in England sehr für diese Probleme interessieren. Gibt es irgendwelche Pläne für den Beitritt Englands zum gemeinsamen Markt, für eine größere Wirtschaftseinheit in Europa, gibt es dann irgendwelche Pläne oder Ideen, wie wir diese spezifischen Probleme überwinden könnten?

Prinz Philip: Nicht dass ich wüsste, denn in diesem Land ist sich niemand absolut sicher darüber, inwieweit die Vorteile durch eine Mitgliedschaft in der EWG die Nachteile, oder zumindest die Schwierigkeiten, überwiegen.

Portisch: Oh, wir kennen das Problem. Uns beschäftigen die gleichen Fragen.

Prinz Philip: Genau. Daher scheint es mir, dass die Grundlage der Zusammenarbeit davon abhängt, wie sie organisiert ist. Ich hätte gedacht, dass wir damit beginnen sollten, alte Strukturen, wie das internationale Gesellschaftsrecht, aufzuräumen, damit Unternehmen wissen, wie sie funktionieren. Oder wenn sie in diesem Land auf die gleiche Weise agieren, können sie in Europa auf ähnliche Weise agieren. Steuern, Unternehmensbesteuerung, Produktbesteuerung, Zölle, Patentgesetze, all diese Dinge, die allen Industrien gemeinsam sind ... das sind die Dinge, die wir in Ordnung bringen sollten, denn das gibt den Menschen im Unternehmertum, sowohl den Firmen als auch den Regierungen in bestimmten Abteilungen, die Fähigkeit, von dieser Zusammenarbeit zu profitieren, anstatt durch die Vorschriften und Unterschiede zwischen den nationalen Gesetzen eingeschränkt zu werden.

Portisch: Ich kann also davon ausgehen, dass das, was wir uns eigentlich vorstellen müssen, was uns in Zukunft gegenüberstehen wird, darin besteht, dass wir sowohl der Privatindustrie als auch der nationalen Industrie freien Lauf lassen müssen. Ich meine, wer effizienter ist, sollte überleben. Sie werden ihren Weg finden. Das wird tatsächlich das zukünftige Muster sein.

Prinz Philip: Das ist eine sehr gute Regel, vorausgesetzt Sie können die Rückstände beseitigen. Denn diejenigen, die nicht »überleben«, werden arbeitslos sein. Wie gehen Sie nun damit um? Es ist schön und gut zu sagen: »Wir brauchen die Mobilität der Arbeitskräfte, sie müssen woanders hingehen.« Aber was passiert dann? Ein Land sagt, wir lassen sie nicht rein. Es würde plötzlich sagen: »Nein, wenn wir eine Masse Arbeitsloser in dieses Land lassen, würde das unsere gesamten Standards senken.« Ich denke, wir müssen die Probleme erkennen und versuchen, die Bereiche zu finden, in denen wir wirklich den Grundstein für eine bessere Zusammenarbeit legen können.

Portisch: Also sehen auch Sie, Prinz Philip, die Zukunft Europas und auch die Zukunft Ihres Landes in einem geeinten Kontinent?

Prinz Philip: Nun, ein besser integrierter Kontinent, ja. Ich denke aber, dass wir die Individualität bewahren wollen. Offensichtlich haben Menschen, die in einem bestimmten Land leben, ähnliche Vorstellungen von Kultur, ähnliche Vorstellungen von Regierung, ähnliche Vorstellungen von Vergnügen und dem, was sie mögen. Sie haben die gleiche Sprache. Sie werden sich zwangsläufig kohärent fühlen. Das muss man berücksichtigen. Aber in allen wirtschaftlichen, technischen, technologischen, wissenschaftlichen und praktischen Bereichen sollte man meiner Meinung nach eine Basis schaffen, in der die Zusammenarbeit einfach und gewinnbringend erfolgen kann, ohne die Individualität des Landes zu zerstören.

Portisch: Vielen Dank.

Prinz Philip sprach viele Gedanken aus, die den Menschen in Europa und Großbritannien durch den Kopf gingen. Die Beitrittsverhandlungen schritten voran, und 1971 war es schließlich so weit: Es schien, als wären sich britische und europäische Politiker einig. Doch sie hatten die Rechnung ohne die britische Bevölkerung gemacht. Diese musste erst noch überzeugt werden, wie Hugo Portisch 1971, zwei Jahre vor Großbritanniens offiziellem Beitritt zur EWG, berichtete.

EWG bietet
Großbritannien Beitritt an

26. Juli 1971

Guten Abend, meine Damen und Herren. Einen historischen Augenblick hat man die Einigung der Europäischen Wirtschaftsgemeinschaft mit Großbritannien in dieser Woche genannt. Tatsächlich hat die EWG damit ihr kleines europäisches Denken abgeschüttelt. Die EWG hat ihre Tore geöffnet für den Beitritt anderer Staaten, insbesondere Englands. Aber mit England werden ja auch noch Norwegen, Dänemark, Irland und vielleicht auch noch andere europäische Staaten zur EWG beitreten, und am Ende dieses Entwicklungsprozesses sieht man bereits nicht nur eine erweiterte wirtschaftliche Interessengemeinschaft, sondern ein tatsächlich vereinigtes Europa, auch ein politisch vereinigtes Europa, das gleichberechtigt an die Seite der beiden großen Supermächte USA und Sowjetunion treten kann.

Man kann daher verstehen, dass Diplomaten, Staatsmänner, Politiker, Journalisten auf dem Kontinent sehr enthusiastisch waren und meinten: »Jetzt geht es endlich auf das richtige Ziel los.« Aber dieser Enthusiasmus auf dem Kontinent wurde interessanterweise nicht geteilt von den Briten selbst. Die britische Verhandlungsdelegation, die heimgekehrt ist, musste sich heftige Kritik gefallen lassen. Und jetzt wird es erst darauf ankommen, ob auch das britische Parlament beschließt, England in die Wirtschaftsgemeinschaft einzubringen. Denn bis jetzt hat ja nur die EWG gesagt: Ihr könnt unter diesen Bedingungen beitreten. England selbst hat den Beitritt noch nicht vollzogen. Das ist eben ein Willensakt des britischen Unterhauses, und daher geht jetzt in England die große Debatte los. Sollen wir überhaupt? Das überrascht doch sehr, nachdem sich britische Regierungen zehn Jahre lang bemüht haben, und zwar Labour-Regierungen wie konservative Regierungen, in diese EWG zu kommen.

Jetzt soll der Widerstand aus den eigenen Reihen kommen, aus dem Parlament, aus der Bevölkerung. Und da diese Auseinandersetzungen in England die politische Szene nicht nur in Großbritannien, sondern in ganz Europa in den nächsten Wochen und Monaten beherrschen wird, müssen wir uns doch fragen: Woher kommt dieser Widerstand?

Nun, was die Bevölkerung selbst betrifft, so ist es ziemlich klar. England hatte immer eine privilegierte Stellung innerhalb des britischen Commonwealth. Es konnte billig einführen. Vor allem konnte es billige Lebensmittel einführen, von Fleisch bis zu Obst und Gemüse. Die britische Bevölkerung war also gewohnt, billig einzukaufen. Sie weiß, dass jetzt die Agrarordnung der EWG gelten wird und dass die Preise daher steigen werden. Man zahlt viel mehr für Lebensmittel in Frankreich, in Deutschland und auch für so viele andere Güter, die England bisher billig aus dem Commonwealth bekommen hat. Es werden also die Preise steigen, es ist eine Gefahr für den Lebensstandard. Die Bevölkerung ist daher zu 58 Prozent, nach der letzten Meinungsumfrage, gegen diesen Beitritt.

Bedenken gibt es auch in der Industrie und unter den Geschäftsleuten. Sie sehen steigende Preise, höhere Lohnforderungen. Legen wir das um auf unsere Preise, sind wir gar nicht mehr konkurrenzfähig in der EWG. Was haben wir dann davon? Außerdem müssen wir uns viel mehr anstrengen. Bis jetzt gab es einen geschützten englischen Markt, geschützte englische Märkte innerhalb des Commonwealth. Jetzt treten wir auf einmal in direkte Konkurrenz mit den Deutschen, mit den Franzosen, mit den Italienern. Auch sie werden sich viel mehr anstrengen müssen. Und natürlich innerhalb der Parteien spürt man dieses Ressentiment und meint, da müssten wir eigentlich für unsere Wähler sein.

Die Labour Party ist jetzt zu einem guten Teil gegen den Beitritt zur EWG, weil sie ja auch den Widerstand unter den Gewerkschaften, also unter den eigenen Wählern, spürt. In der konservativen Partei gibt es eine starke Fraktion, die meint, wir müssen die traditionellen Werte Englands aufrechterhalten. Und hier kommt nun auch noch ein emotionales Element hinein, denn die Engländer merken eigentlich erst jetzt, dass es aus ist mit dem Empire, aus ist mit dem Commonwealth, ja, dass dieses England plötzlich von Europa erobert wird. Was tausend Jahre lang den Kontinentaleuropäern nicht gelungen ist, England zu erobern, das gelingt jetzt der EWG. Es ist keinem Napoleon, keinem Hitler gelungen. England war immer eine kleine Insel, die die ganze Welt beherrschte. Und in dieser Welt anzuschaffen hatte. Vorbei ist es. Jetzt wird es als Teil einer europäischen

Gemeinschaft auf Gedeih und Verderb an das Schicksal des Kontinents gebunden. Und dieses emotionale Element kommt natürlich auch sehr stark zum Ausdruck, sowohl bei der Bevölkerung wie auch in bestimmten konservativen Wählerschichten und auch in abgeordneten Schichten.

Nun, hier sehen wir also die Diskrepanz. Die Regierungen haben sich zehn Jahre lang bemüht, in diese EWG zu kommen. Weshalb? Weil sie genau gewusst haben, so geht es nicht weiter. Es ist vorbei mit dem Empire, vorbei mit dem Commonwealth, vorbei auch mit dem sanften Ruhekissen für unsere Wirtschaft. Wir haben uns einfach zu stellen. Die englische Wirtschaft ist nicht mehr zu retten ohne den großen Markt, ohne die direkte Konkurrenz. Die Staatsmänner wussten das immer, wollten daher zur EWG. Aber das haben sie der Bevölkerung noch nicht mitgeteilt. Sie begreift es noch nicht ganz. Und jetzt kommt es in den nächsten Wochen und Monaten in England selbst zu dieser Auseinandersetzung. Es ist eine Auseinandersetzung, die ebenso wichtig und auch schicksalsschwer ist wie die letzten zehn Jahre der Auseinandersetzung zwischen der EWG und England.

Auf Wiederhören und auf Wiedersehen.

Am 1. Jänner 1973 trat Großbritannien offiziell der EWG bei. Die Beziehung zwischen dem Vereinigten Königreich und Europa war vom Moment des Beitritts an durchwachsen. Bereits 1975 gab es das erste Referendum zu einem Austritt unter der Labour-Regierung von Harold Wilson.

Allerdings stimmten 67 Prozent der Briten für den Verbleib in der EWG.

1992 trat Großbritannien der Europäischen Union bei, die durch den Vertrag von Maastricht aus der EWG heraus entstand. Der Vertrag brachte eine engere wirtschaftliche und politische Union mit sich, Großbritannien sicherte sich allerdings Ausnahmeregelungen, etwa bei der Einführung des Euro und Sozialrichtlinien. Während der 1990er Jahre wuchs die Skepsis in Großbritannien gegenüber der EU. Weiters verschärften Migrationsbewegung und Eurokrise in den 2010er Jahren die Anti-EU-Haltung im Vereinigten Königreich, bis letztendlich 2016, unter dem Tory-Premierminister David Cameron, das entscheidende Referendum abgehalten wurde. 51,9 Prozent der Wähler stimmten für den sogenannten Brexit. Vier Jahre später folgte der offizielle Austritt Großbritanniens aus der EU.

Teil V

WELTPOLITIK

**Umbrüche in Indien, China,
dem Iran und dem Nahen Osten**

Der Nahe Osten und seine Konflikte

Der Nahe Osten ist heute als umkämpfte Region bekannt. Die Konflikte, die bis in die Gegenwart reichen, nahmen ihren Anfang bereits im Ersten Weltkrieg. Damals war das Gebiet des Nahen Ostens (worunter die heutigen Länder Jordanien, Israel mit den palästinensischen Gebieten, Syrien, Libanon, die Arabische Halbinsel, Ägypten und manchmal auch die Türkei, der Iran und der Irak verstanden werden) zum Großteil unter Kontrolle des Osmanischen Reichs. Im Ersten Weltkrieg zerfiel dieses Reich jedoch. Aus dem Kern des Osmanischen Reichs bildete sich unter Mustafa Kemal Atatürk die Republik Türkei, die anderen Gebiete wurden unter den Siegern des Ersten Weltkriegs, Frankreich und Großbritannien, aufgeteilt.

Die Kolonialherren zogen teils willkürliche Grenzen und setzten auf Machthaber, die ihre Interessen gegen das eigene Volk verteidigten. Als auf Drängen Großbritanniens der Staat Israel als Heimat des jüdischen Volks gegründet wurde, kam es zu Konflikten in der Region. Denn für die Schaffung des Staates Israel kam es zu Umsiedlungen und Neuregelungen der Lebensgrundlage für die dort ansässige arabische Bevölkerung.

In den Jahren nach dem Zweiten Weltkrieg, während des Kalten Kriegs, unterstützten die westlichen Mächte Israel, während die Sowjetunion Ägypten und dem Iran zur Seite stand. So wurde der Nahe Osten eine Konfliktregion des Kalten Kriegs. Seit über hundert Jahren waren es die Interessen unterschiedlicher Großmächte, die eine Befriedung der Region erschwerten.

Der Erste Nahostkrieg, auch als Palästinakrieg bekannt, begann bereits 1948 mit der Gründung des Staates Israel auf dem vormals als Mandatsgebiet Palästina bezeichneten und von Briten verwalteten Gebiet. Israel wurde von Ägypten, Syrien, Jordanien, Libanon, Irak und Saudi-Arabien angegriffen, konnte sich aber behaupten. Der Krieg endete 1949.

Die folgenden Spannungen führten zur Suez-Krise (siehe Seite 171) und 1967 zum Sechstagekrieg.

Israel erzielte dabei einen entscheidenden militärischen Sieg und eroberte den Gazastreifen, das Westjordanland, Ost-Jerusalem und die Sinai-Halbinsel. Dieses Ereignis verschärfte den regionalen Konflikt noch mehr. Die Besetzung der Gebiete durch Israel führte zu wachsendem Widerstand der arabischen Bevölkerung und erhöhter Gewalt.

Gleichzeitig gab es internationale diplomatische Bemühungen, diesen Konflikt im Nahen Osten zu lösen. Der Konflikt beeinflusste nicht nur die angrenzenden Gebiete direkt, sondern auch die weltpolitische Lage, denn die Supermächte USA und Sowjetunion waren ebenfalls in diesen Konflikt involviert. Die Vereinten Nationen verabschiedeten folglich mehrere Resolutionen, um zu vermitteln. Zum ersten Mal seit Jahrzehnten schien im Jahr 1970 zumindest ein kleiner Funken Hoffnung zu entstehen, als die Israelis einen schriftlichen Friedensvertrag vorlegten. Hugo Portisch berichtete.

Friedensvorschläge Israels und Ägyptens

16. Mai 1970

Guten Abend, meine Damen und Herren. Nach vielen Monaten der Stagnation scheint die Lage im Nahen Osten nun doch in Bewegung zu geraten. Zum ersten Mal, seit die UNO einen Friedensvermittler eingesetzt hat, hat der schwedische Diplomat und Turkologe Gunnar Jarring die israelischen Spitzenpolitiker aufsuchen können. Er traf mit Premierministerin Golda Meir und Außenminister Abba Eban zusammen, in Jerusalem, und zum ersten Mal seit dem Nahostkrieg haben die Israelis einen schriftlichen Friedensvorschlag gemacht. Nicht nur das. Sie haben in diesem Vorschlag alles vermieden, was die Araber vor den Kopf stoßen könnte. Und prompt auch haben die Ägypter schon reagiert. Ägypten hat jetzt seinen Gegenvorschlag bei der UNO eingebracht.

Es scheint also die Vermittlung zum ersten Mal in ein konkreteres Stadium zu gelangen. Allerdings sind die Positionen der beiden Seiten nach wie vor unvereinbar. Die Israelis wollen erst den Frieden, dann abziehen, die Araber wollen erst den Abzug der Israelis, dann den Frieden. Und doch hat sich hier etwas ganz Grundlegendes geändert.

Denn zum ersten Mal seit dem Junikrieg, dem sechstägigen Krieg zwischen Israel und den arabischen Staaten Ägypten, Syrien und Jordanien, sind die Israelis überhaupt bereit, und schriftlich bereit, abzuziehen. Und zum ersten Mal überhaupt zeigen sich die Araber bereit, die Existenz Israels anzuerkennen. Die Grundvoraussetzungen für beide Seiten, für einen künftigen Frieden, scheinen damit gegeben zu sein. Man muss sich allerdings fragen: Was hat sich objektiv geändert im Nahen Osten, dass die Standpunkte der beiden Seiten sich nun anzunähern beginnen?

Es könnte kein Zufall sein, dass diese ersten echten Friedensbemühungen mit dem Zeitpunkt zusammenfallen, da in Ägypten der Assuan-Damm eröffnet wird. Dieser Damm ist gewaltig. Er wird viel Elektrizität erzeugen. Er wird es Ägypten ermöglichen, seine landwirtschaftliche Nutzfläche auszudehnen. Aber all diese Bauten sind noch nicht durchgeführt. Es steht erst der Damm. Will Ägypten diesen Damm überhaupt umsetzen in einen wirtschaftlichen Nutzen? Dann muss es sich jetzt für viele Jahre dem Frieden widmen. Das könnte die ägyptischen Führer bewegen, vielleicht den Frieden jetzt mehr anzustreben. Darüber hinaus hat der Assuan-Damm ein schweres militärisches Problem aufgeworfen. Hinter diesem Damm liegen 163 Milliarden Kubikmeter Wasser. Das ist so viel Wasser, wie die Donau in zweieinhalb Jahren führt. Wenn dieser Damm einmal birst, und er könnte bersten, wenn er von Bomben getroffen wird, dann löst er über Ägypten eine Sturmflut aus, die das halbe Land vernichten würde. Es ist also eine Frage, ob Ägypten nach der Herstellung des Assuan-Damms überhaupt noch einen Krieg wagen kann.

Und die israelischen Piloten könnten wahrscheinlich durchkommen zum Assuan-Damm, trotz russischer Abwehrraketen. Denn die Amerikaner haben gerade jetzt gesagt, dass sie die Israelis mit den neuesten Kriegswerkzeugen ausrüsten würden. Und das könnte Nikolai Podgorny, Staatspräsident der Sowjetunion von 1965 bis 1977, bei seinem Besuch zur Eröffnung des Assuan-Damms bewogen haben, den Ägyptern zu raten: »Schwenkt auf Frieden ein.« Darüber hinaus hat auch die Sowjetunion vielleicht jetzt ein eminentes Interesse, den Suezkanal zu öffnen. Die Sowjets wollen durch das Rote Meer zum Persischen Golf, in den Indischen Ozean, auf die ostafrikanische Küste und in den Fernen Osten. Sie brauchen diesen Seeweg sehr dringend, also auch hier ein objektives Interesse der Sowjetunion.

Die Israelis andererseits sehen zum ersten Mal vielleicht eine echte Möglichkeit, einen Frieden im Nahen Osten herbeizuführen. Und die Guerillas, die Palästinenser in Jordanien, die bisher den größten Widerstand gegen den Frieden geleistet haben, sie sind nach Nassers Tod einigermaßen verwaist. König Hussein, der immer auf der Seite des Friedens war, setzt sich in Jordanien durch. Vielleicht sind auch die Palästinenser jetzt gesprächsbereit. Nun, meine Damen und Herren, objektiv gesehen könnten sich also die Standpunkte im Nahen Osten jetzt annähern. Allerdings war der Nahe Osten immer unberechenbar, immer empfindlich gegenüber den Entwicklungen in den einzelnen Nahoststaaten, immer auch empfindlich gegenüber der Entwicklung in der gesamten Welt. Und es gibt ja noch sehr viele offene Probleme zwischen Ost und West.

Wir wissen heute noch nicht, wie die Sowjetunion sich generell gegenüber dem Westen, gegenüber den USA einstellen wird. Das Nahostproblem aber ist nur ein Teil in der weltpolitischen Problematik.

Auf Wiederhören und auf Wiedersehen.

Ost-West-Spannung und Nahostkonflikt
16. Oktober 1970

Guten Abend, meine Damen und Herren. Ich melde mich heute aus einem Studio der BBC in London. Am Vorabend der Abreise des britischen Premierministers Heath zu den Vereinten Nationen nach New York ist man hier in der britischen Hauptstadt der Überzeugung, dass die nächsten Tage in New York bei der Generalversammlung der UNO entscheiden werden, nicht nur über die Weichenstellung der Politik in den nächsten Monaten, sondern sogar in den nächsten Jahren. Man verweist darauf, dass die Sowjetunion seit dem Zweiten Weltkrieg jeden amerikanischen Präsidenten auf seine Standhaftigkeit in internationalen Fragen geprüft hat. Truman musste diese Prüfung bestehen in der Frage der Berliner Blockade und in Korea. Eisenhower musste sie bestehen, in Deutschland und im Nahen Osten. Kennedy musste sie bestehen mit der Raketenfrage in Kuba und Johnson schließlich in Vietnam. Präsident Nixon ist von der Sowjetunion bisher noch nicht getestet worden.

Aber die Amerikaner sind der Überzeugung, dass der Nahe Osten der Prüfstein für die Sowjets gegenüber Präsident Nixon ist. Die Amerikaner hatten im Nahen Osten einen Waffenstillstand zustande gebracht. Aber kaum war der Waffenstillstand eingeleitet, da haben die Ägypter mithilfe der Sowjetunion neue Raketen an die Suezkanal-Zone gebracht, haben dort, wo eigentlich jede weitere Aufrüstung verboten war, diese Raketen installiert. Die Amerikaner haben das als sehr große Provokation empfunden, denn sie hatten ihr Wort gegenüber Israel verpfändet. Sie hatten ihr Wort für den ganzen Nahen Osten eingesetzt, und hier wurde ihr Prestige untergraben. Hier wurde gezeigt: Amerika ist machtlos, es kann gar nichts mehr tun. »Wir, die Ägypter und die Sowjets, können uns bewegen, wie wir wollen.«

Aber sollten die Sowjets die Absicht gehabt haben, die Amerikaner zu testen, dann haben sie einen falschen Zeitpunkt gewählt. Allerdings konnten sie die Ereignisse nicht voraussehen. Sie konnten nicht voraussehen, dass kurz darauf ein Bürgerkrieg in Jordanien ausbrechen wird, der mit einem Sieg des prowestlichen Königs Hussein endet. Und sie konnten nicht voraussehen, dass Nasser sterben würde. Nasser war ein Garant für die sowjetische Investition in Ägypten. Fünf Milliarden US-Dollar Militärhilfe, fünf

Milliarden US-Dollar Wirtschaftshilfe hat die Sowjetunion an Ägypten gegeben. Und Präsident Nasser war der Mann, der das toleriert hat und der gegenüber der Sowjetunion die Garantie abgegeben hat, dass diese Investition auch für die Sowjetunion arbeiten wird. Aber die Sowjets haben sich auch, was die Amerikaner betrifft, verkalkuliert. Denn sie haben diese Prüfung zu einem Zeitpunkt begonnen, da in Amerika Zwischenwahlen stattfinden, Wahlen für das Repräsentantenhaus und für den Senat.

Hilfe an Israel und Standfestigkeit im Nahen Osten war in Amerika immer populär und gerade in Wahlzeiten sehr populär. Folgerichtig hat die amerikanische Regierung auf dem Höhepunkt der Jordanienkrise sehr hart reagiert. Sie hat ihre Truppen alarmiert, ähnlich wie Kennedy seinerzeit die Truppen alarmierte, als die Amerikaner Raketen nach Kuba brachten. Und die Amerikaner haben gedroht, mit eigenen Truppen in Jordanien einzugreifen. Durch diese Drohgebärde ist es ihnen gelungen, Syrien und Irak von einer Intervention in Jordanien abzuhalten und auch die Sowjets dazu zu zwingen, ihren Einfluss dämpfend geltend zu machen. Darüber hinaus haben die Amerikaner nicht aufgegeben. Sie versorgen König Hussein jetzt wieder mit Munition und neuen Panzern und stärken den König nach seinem Sieg. Sie stärken auch die Israelis. Sie liefern den Israelis jetzt die modernsten Waffen zur Bekämpfung von Anti-Flugzeug-Raketen, die modernsten Störanlagen für das sowjetische Radar in der Kanalzone, und darüber hinaus haben die Amerikaner die Verhandlungen innerhalb der 4-Mächte-Gruppe [*USA, Sowjetunion, Großbritannien,*

Frankreich] der UNO abgebrochen. Sie werden nicht über den Nahen Osten verhandeln, so sagten sie, solange die sowjetischen Raketen dort stehen. Also eine sehr harte Position der Amerikaner.

Was den Nahen Osten betrifft, so hat die *Prawda* [*russische Tageszeitung*], in dieser Woche einen neuen Friedensplan, einen verbesserten Friedensplan der Sowjetunion, veröffentlicht. Der Nachfolger Nassers, [*Anwar as-*]Sadat ist zwar gewählt, aber ob er dieselbe Statur haben wird, ob er die sowjetischen Interessen in der gleichen Weise schützen kann wie Nasser, bleibt doch sehr dahingestellt. Antisowjetische Kräfte in Ägypten könnten ans Ruder kommen. Die Sowjetunion ist interessiert daran, dass der Suezkanal so bald wie möglich geöffnet wird wegen ihrer Handelsrouten zur Dritten Welt, nach Ostafrika, nach Asien. Darüber hinaus weiß die Sowjetunion jetzt doch schon, dass sie ihren Einfluss im Nahen Osten vielleicht von keinem arabischen Regime garantiert bekommen kann, wohl aber von den Westmächten, wohl aber von den USA, die anerkennen würden, dass die Sowjetunion ein Mitspracherecht im Nahen Osten hat. Das könnten also materielle Gründe sein dafür, dass die Sowjetunion in der Nahostfrage auch nachgibt.

Die Amerikaner bereiten ebenfalls einen Friedensplan vor. Emsige Verhandlungen mit den Israelis. Die israelische Premierministerin Golda Meir kommt nächste Woche nach Amerika. Man wird versuchen, die Israelis zu bewegen, entweder den Kanal öffnen zu lassen, den Suezkanal, oder aber doch phasenweise abzuziehen aus den besetzten Territorien. Die Amerikaner finden sich langsam mit einem eigenen Palästinastaat für die palästinensischen Flüchtlinge ab, und König Hussein spielt ihnen schon in die Hand. Er hat jetzt erklärt, falls es zum Frieden kommt, würde er eine Volksabstimmung abhalten. Und wenn die Palästinenser in Westjordanien ihren eigenen Staat haben wollen, so würde Jordanien dieses Gebiet an die Palästinenser abtreten.

Man sieht also, Ansätze für den Frieden sind vorhanden. Es kommt jetzt darauf an, ob die Amerikaner und die Sowjets in ihren Gesprächen in New York auch einen Ausgleich finden, der Europa und den Nahen Osten miteinschließt.

Auf Wiederhören und auf Wiedersehen.

Aus Hugo Portischs Berichterstattung ist gut ersichtlich, wie stark Großmachtinteressen die Lage im Nahen Osten geprägt haben und bis heute prägen.

Im Jahr 1970 war der Nahost-Konflikt von bedeutenden Ereignissen geprägt. So gab es diplomatische Bemühungen, den Konflikt zwischen Israel und Ägypten, der mit dem Sechstagekrieg entbrannt war, zu beenden.

Außerdem prägte der Schwarze September dieses entscheidende Konfliktjahr. Im September 1970 kam es in Jordanien zu blutigen Kämpfen, die tausende Todesopfer zur Folge hatten. Nicht zuletzt veränderte der plötzliche und unerwartete Tod des ägyptischen Präsidenten Gamal Abdel Nasser, der sein Land eng an die Sowjetunion band, am 28. September 1970 die Situation erneut.

Nachdem Nasser im Jahr 1970 unerwartet verstarb, wurde Anwar al-Sadat zu seinem Nachfolger. Sadat hielt unter der Regierung Nassers bereits hohe Positionen inne, unter anderem das Amt des Vizepräsidenten. Nach Nassers Tod wurde Sadat Präsident von Ägypten. Anfangs als Übergangslösung belächelt, stellte sich Sadat bald schon als ambitionierter Stratege heraus, der einen neuen Kurs für sein Land suchte. Hugo Portisch berichtete.

Einfluss der USA und der UdSSR in Ägypten

19. Mai 1971

Guten Abend, meine Damen und Herren. Als der ägyptische Staatspräsident Sadat vor einigen Wochen damit begann, seine Rivalen abzusetzen und sogar einzusperren, da fragten sich viele Beobachter: Handelt es sich dabei nur um einen persönlichen Machtkampf des Nachfolgers Nassers? Oder versucht Sadat, Ägypten auf einen neuen Kurs zu setzen, auch auf einen neuen außenpolitischen Kurs?

Denn viele der eingesperrten Rivalen Sadats galten als Männer Moskaus, als Freunde der Sowjetunion. Und so lag der Schluss nahe, dass Sadat mit der Beseitigung dieser Rivalen auch die prosowjetische Fraktion in Ägypten beseitigen könnte. Der Eindruck wurde auch noch verstärkt, da gerade in diesem Augenblick Präsident Sadat den amerikanischen Außenminister Rogers zu einem

Besuch nach Ägypten einlud und dieser Besuch sehr gut verlaufen ist. Die Ägypter gingen auf die amerikanischen Friedenswünsche bezüglich des Nahen Ostens weitgehend ein. Es kam zu einer starken Annäherung zwischen Ägypten und den USA. Klarerweise sollte dies zu einer Verstimmung in Moskau führen, und man verstand daher, dass sich Moskau besorgt zeigte und einen der Spitzenpolitiker der sowjetischen Führungsgarnitur, Staatspräsident Podgorny, nun nach Ägypten entsandte, um dort nach dem Rechten zu sehen.

Die Ägypter selbst zeigten sich auch besorgt, denn sie meinten in Leitartikeln, es wäre schlecht, wenn sich die Sowjetunion jetzt in die innenpolitischen Angelegenheiten Ägyptens einmischen wollte. Es gab also Sorge auf beiden Seiten, Sorge, dass Sadat einen Kurs fahren könnte, der Ägypten aus dem Sowjeteinfluss löst. Andererseits sorgen sich die Ägypter, Podgorny könnte kommen und den vorhandenen Sowjeteinfluss auf der Seite der Gegner Sadats in die Waagschale werfen, also die Gegner Sadats unterstützen und es Sadat sehr schwer machen, sich am Ruder zu halten.

Nach vier Tagen liegt das Resultat der Verhandlungen zwischen Podgorny und Sadat vor. Es ist ein Freundschafts- und Beistandspakt zwischen der Sowjetunion und Ägypten, und er ist auf 15 Jahre geschlossen worden. Und dieser Pakt geht nun präzise auf die Sorgen beider Seiten ein.

Da heißt es zunächst einmal, die Sowjetunion und Ägypten verpflichten sich, sich nicht in die innenpolitischen

Angelegenheiten des anderen einzumischen. Damit hat die Sowjetunion Sadat freie Hand gegeben. Er kann seinen Machtkampf zu Ende führen, ohne dass die Sowjetunion ihren Einfluss gegen ihn zu tragen bringt. Die Sowjetunion unterstützt diesen Präsidenten, ja, sie umarmt ihn, und sie anerkennt ihn bereits als den Mann, der sich in Ägypten allein durchgesetzt hat. Sie verspricht ihm auch jede Wirtschafts- und Militärhilfe. Aber der Preis, den Sadat dafür zu bezahlen hatte, der ist relativ hoch. Im Vertrag zwischen Ägypten und der Sowjetunion ist festgelegt, dass keine der beiden Seiten in Zukunft irgendeinen anderen Vertrag schließen kann ohne die Zustimmung des Vertragspartners. So etwas gab es, glaube ich, in der internationalen Vertrags-Geschichte überhaupt noch nicht, dass nämlich die außenpolitische Souveränität eines Staates so weit eingeschränkt wird, dass er selbstständig keine Verträge abschließen kann ohne die Zustimmung des Partners.

In diesem Fall heißt das also, Ägypten könnte, selbst wenn es wollte, im Nahen Osten keinen Frieden schließen ohne die Zustimmung der Sowjetunion. Es kann aber andererseits auch nicht Krieg führen ohne Zustimmung der Sowjetunion. Denn der gleiche Vertrag sieht vor: Falls es Kriegsgefahr gibt, müssen die beiden Staaten einander konsultieren, da die Sowjets die Militärhilfe an Ägypten bestreiten. Das wiederum heißt eindeutig, dass Ägypten im Falle der Kriegsgefahr bei den Sowjets anfragen muss, ob es Krieg führen darf. Das also ist das Resultat.

Man könnte meinen, dieses Resultat ist eigentlich nichts Neues. Der sowjetische Einfluss in Ägypten sei bereits sehr stark gewesen. Sowjettruppen sind ohnehin dort, sowjetische Stützpunkte sind errichtet. Hier wird nur schriftlich niedergelegt, was vorher schon de facto dagewesen ist. Aber darin besteht ja der große Unterschied. Bis jetzt hat man gehofft, Ägypten könnte wieder eine selbstständige Politik machen. Ägypten könnte auch auf eigene Faust einen Frieden abschließen. Ägypten könnte sich aus dem sowjetischen Einfluss lösen, und Ägypten könnte vielleicht sogar eines Tages die Sowjettruppen wieder loswerden. Nun, das geht nach diesem Vertrag nicht mehr. Er ist auf 15 Jahre geschlossen, und in diesem Vertrag heißt es ausdrücklich und zusätzlich noch, die Sowjetunion wird die ägyptische Armee ausbilden, 15 Jahre lang, und wird diese ägyptische Armee auch ausrüsten.

Das bedeutet also, was immer in Zukunft jetzt im Nahen Osten geschieht, die Sowjetunion ist mit von der Partie, und zum ersten Mal ist das schriftlich verbrieft. Das heißt nun nicht notwendigerweise, dass es im Nahen Osten demnächst keinen Frieden geben wird oder dass der Suezkanal nicht wenigstens geöffnet wird. Das könnte die Sowjetunion selbst wünschen. Die Öffnung des Suezkanals hilft ja, ihre Flotte vom Mittelmeer in den Indischen Ozean und nach Asien zu bringen. Aber dieser Friede muss eben auch mit der Sowjetunion geschlossen werden und kann nicht nur mit den Partnern im Nahen Osten selbst ausgehandelt werden.

Auf Wiederhören und auf Wiedersehen.

Sadats Präsidentschaft war weitgehend von innen- und außenpolitischen Veränderungen geprägt. Ihm verdankt Ägypten die »Infitah« (Öffnung), eine wirtschaftliche Liberalisierungspolitik, die auf ausländische Investitionen und eine Modernisierung der ägyptischen Wirtschaft abzielt.

1973 startete er gemeinsam mit Syrien den Jom-Kippur-Krieg, einen Angriff auf Israel am höchsten jüdischen Feiertag Jom Kippur. Ziel war es, die von Israel im Sechstagekrieg eroberten Gebiete zurückzugewinnen. Nach anfänglichen Erfolgen der ägyptischen Armee entwickelte sich aber eine Pattsituation.

Diese wurde durch einen Friedensvertrag zwischen Ägypten und Israel 1978 aufgelöst. Es war das erste Mal, dass ein arabisches Land das Existenzrecht des Staates Israel anerkannte und somit der erste wichtige Schritt hin zu einem zukünftigen Frieden in der Region. Dafür zog Israel seine Truppen von der Sinai-Halbinsel ab. Sadat hatte gehofft, dass andere arabische Staaten seinem Beispiel folgen würden, doch das Gegenteil war der Fall: Ägypten wurde innerhalb der arabischen Welt isoliert. Für dieses Friedensabkommen erhielten Sadat und der israelische Ministerpräsident Menachem Begin im selben Jahr den Friedensnobelpreis.

Doch innerhalb der arabischen Welt galt Sadat vielen, vor allem religiösen Fundamentalisten, als Verräter. Am 6. Oktober 1981 wurde Sadat während einer Militärparade in Kairo von radikalen Islamisten, die zum Teil hochrangige Mitglieder der ägyptischen Armee waren, ermordet.

Die Suez-Krise

Der Suezkanal wurde 1869 eröffnet und revolutionierte den internationalen Seehandel. Der Kanal führt durch Ägypten und verbindet das Mittelmeer mit dem Roten Meer. Europäische Schiffe mussten nun nicht mehr ganz Afrika umrunden, um nach Indien zu gelangen, sondern konnten den damals 164 Kilometer langen Kanal entlangfahren. Allerdings stellte der Suezkanal auch ein machtpolitisches Instrument dar: Wer ihn kontrollierte, kontrollierte eine der wichtigsten Routen des internationalen Seehandels.

Ursprünglich durch die Konvention von Konstantinopel 1888 zur neutralen Zone erklärt, wurde der Suezkanal im Ersten Weltkrieg von Großbritannien (Ägypten war zu dieser Zeit ein britisches Protektorat und stand somit unter der Kontrolle des Vereinigten Königreichs) und dem Osmanischen Reich umkämpft. Auch nach der Unabhängigkeit des Königreichs Ägyptens von Großbritannien 1922 blieb der Suezkanal unter britischer Kontrolle.

Der ägyptische Präsident Gamal Abdel Nasser verstaatlichte den Suezkanal 1956 und versuchte ihn so unter ägyptische Kontrolle zu bringen. Israelische, britische und französische Truppen reagierten darauf mit einem Angriff auf Ägypten, was zur Suez-Krise führte. Der Schiffsverkehr konnte erst ein Jahr später wieder aufgenommen werden.

Wir springen ins Jahr 1967: Noch kein arabischer Staat hat Israel anerkannt und somit auch keine Existenzberech-

tigung eines jüdischen Staats. In diesem Jahr eskalierten
die Spannungen zwischen Ägypten und Israel, und der
Kanal wurde Schauplatz von Kämpfen zwischen ägyptischen und israelischen Truppen im Sechstagekrieg. Obwohl der Krieg, wie der Name schon sagt, nach sechs
Tagen vorbei war, blieb der Suezkanal für die Schifffahrt
in den folgenden Jahren geschlossen. Insgesamt fünfzehn
Schiffe blieben im Kanal stecken und konnten ihre Fahrt
erst Jahre später weiterführen.

In dieser Zeit liefen beständig Verhandlungen, den Kanal wieder zu eröffnen. Hugo Portisch berichtete.

US-Außenminister Rogers
und die Suez-Krise
30. April 1971

Guten Abend, meine Damen und Herren. Der amerikanische Außenminister Rogers hat sich auf eine große
Reise begeben, nominell, um an den Tagungen zweier
Paktsysteme teilzunehmen, der SEATO [*Southeast Asia Tre-
aty Organization*]-Pakt-Tagung in London und der CENTO
[*Central Treaty Organization*]-Pakt-Tagung in Ankara. Der
SEATO-Pakt war seinerzeit kreiert worden, um Südost-
asien vor einem kommunistischen Zugriff zu schützen,
und der CENTO-Pakt war kreiert worden, um den Nahen
Osten vor einer kommunistischen Infiltration zu schüt-
zen. Nun, es ist sehr bezeichnend, dass Rogers bei der
SEATO-Tagung in London nicht über die Verteidigung

Südostasiens sprach, sondern über eine mögliche Verständigung mit China. Bei der Tagung in Ankara, die heute begonnen hat, spricht Rogers vielmehr über das Problem der Öffnung des Suezkanals als über die regionalen Verteidigungsmöglichkeiten. Denn die beiden Pakte SEATO und CENTO sind seinerzeit vom amerikanischen Außenminister John Foster Dulles zusammen mit der NATO geschaffen worden.

John Foster Dulles ging damals von dem Standpunkt aus, wir, im freien Westen, müssen dafür sorgen, dass keine der beiden kommunistischen Großmächte, die Sowjetunion und China, dass diese beiden Mächte nicht über ihre Regionen hinausgreifen können. Und er versucht, diese beiden Großmächte zu isolieren, durch die Paktsysteme, durch die NATO in Europa, durch die CENTO im Mittleren Osten und durch die SEATO in Asien. Er hat also einen eisernen Verteidigungsring um China und die Sowjetunion gelegt und damit praktisch die amerikanische Verteidigung von der Atlantikküste bis zur Pazifikküste festgelegt.

Nun, ein Blick auf die Situation heute beweist uns, dass diese Paktsysteme in Asien und im Mittleren Osten nicht gehalten haben. Die Länder, die Mitgliedsländer selbst, sind unterminiert. Heute tagt die CENTO-Konferenz in Ankara unter Polizeischutz mit unendlichen Ausnahmerechten des Militärs in einem Land, in dem vor kurzem erst ein Putsch stattgefunden hat. Pakistan, das eine Kernstellung in beiden Systemen innehat, ist zerrissen. In einem Bürgerkrieg in Vietnam sind die Amerikaner auf dem Rückzug, und die CENTO hat den israelisch-arabischen Krieg auch nicht aufhalten können. Der hat diese Verteidigungslinie übersprungen. So ist die amerikanische Außenpolitik heute bemüht, eher das zu retten, was sich hinter diesen beiden Paktsystemen getan hat.

Dabei steht sie unter erheblichem Druck der amerikanischen Öffentlichkeit. Diese amerikanische Außenpolitik braucht zurzeit Erfolge, und deshalb versucht Rogers, über eine Verständigung mit China zu sprechen. Da haben die Chinesen den Amerikanern sozusagen den Pingpong-Ball zugeschmissen, und sie haben ihn sofort aufgegriffen. Denn eine Verständigung mit China würde über das Debakel in Vietnam hinweghelfen, und eine Öffnung des Suezkanals würde immerhin einen Erfolg im Nahen Osten bringen, wo die Situation ja sehr gespannt ist. Die Ägypter haben sofort begriffen, dass sich die amerikanische Außenpolitik hier in einem Notstand befindet, und haben heute in ihrer Zeitung *Al Ahram* angekündigt: Wenn die Rogers-Mission nicht die Öffnung des Suezkanals bringt, dann bleibt den Arabern nichts anderes übrig, als einen neuen Krieg zu führen. Hier wird also von arabischer Seite ein erheblicher Druck auf die Amerikaner ausgeübt. Denn wenn sie es zustande brächten, dass die Israelis sich vom Suezkanal zurückziehen müssten nach ihren Bedingungen, dann hätten sie Israel nicht anerkennen müssen. Sie müssten die Existenz Israels nicht anerkennen. Sie brauchen keinen Frieden mit Israel schließen, sie müssen nicht einmal mit Israel direkt verhandeln. Das würden dann schon die Amerikaner besorgen, und sie hätten den Rückzug der Israelis ohne Vorbedingungen eingeleitet.

Also da ist für die Araber sehr viel zu holen. Die Israelis wissen das und sagen natürlich genau das Gegenteil: Wir ziehen uns vom Suezkanal zurück, aber das kann nur eine Phase in der Gesamtregelung sein. Die Araber müssen mit uns direkt verhandeln, und letzten Endes müssen sie unsere Existenz anerkennen und den Friedensschluss herbeiführen wollen, früher gehen wir vom Suezkanal nicht zurück. Das ist die Situation, die Rogers vorfindet. Er weiß, wie unvereinbar diese beiden Standpunkte nach wie vor sind, und hat daher heute gewarnt, es könnte diese Mission auch ohne Ergebnis enden.

Nun, was die Rogers-Mission bringen wird, werden wir in einigen Tagen sehen. Hier aber interessiert uns etwas anderes, nämlich dass dieser amerikanische Außenminister ausgezogen ist, um an zwei großen Paktsystemen der Amerikaner teilzunehmen. Er hat dort nicht über die Verteidigung der entsprechenden Regionen gesprochen, sondern vielmehr über ein ganz neues Konzept, nämlich ein amerikanisches Konzept, das darauf aus ist, die großen Weltprobleme in Vereinbarungen mit den betroffenen Nationen, vor allem aber in vollem Einvernehmen mit den beiden anderen Supermächten, herbeizuführen, nämlich im Einvernehmen mit Moskau und vor allem auch im Einvernehmen mit Peking, die Konfliktstoffe in der Welt auszuschalten oder dafür zu sorgen, dass diese beiden kommunistischen Staaten keine neuen Konflikte anrichten.

Hier sehen wir etwas ganz Besonderes, nämlich das Ende einer Ära, das Ende jener Ära, die John Foster Dulles geschaffen hat, und die besagte: eine Maginot-Linie [*eine*

Verteidigungslinie] rund um die kommunistischen Staaten. Und die Verteidigung wird gehalten, auch mit amerikanischem Einsatz. Nun, jetzt beginnen sich die Amerikaner in Asien, im Nahen Osten, zurückzuziehen. Vor dem ganzen Paktsystem hält die NATO in Europa. Aber sie hält nur deshalb, weil die europäischen Staaten selbst entschlossen sind, sich zu verteidigen. Die asiatischen, die Nahoststaaten, sie sind innerlich unterhöhlt worden. Das amerikanische Denken beginnt andere Wege zu gehen, und es sind Wege, die das neue Dreieck der Weltpolitik beinhalten: ein Dreieck zwischen Moskau, Peking und Washington.

Auf Wiederhören und auf Wiedersehen.

Die Spannungen zwischen Israel und seinen arabischen Nachbarländern hielten an. 1973 kam es zum Jom-Kippur-Krieg, als Ägypten und Syrien Israel am höchsten jüdischen Feiertag (Jom Kippur) angriffen, um die im Sechstagekrieg verlorenen Gebiete zurückzuerobern, allen voran die Golanhöhe und das Sinai-Gebirge. Die UN konnte schließlich einen Waffenstillstand vermitteln. Der Großteil der Sinai-Halbinsel ging an Ägypten, wodurch 1979 der ägyptisch-israelische Friedensvertrag geschlossen werden konnte. Es war der erste Friedensvertrag zwischen Israel und einem arabischen Staat.

1975 öffnete der Suezkanal wieder für die Schifffahrt und wird bis heute befahren. Die Spannungen zwischen Israel und seinen arabischen Nachbarn dauern bis heute an und haben 2024 einen neuen Höhepunkt erreicht.

Der Krieg zwischen Indien und Pakistan und die Entstehung Bangladeschs

Seit die Briten im 18. Jahrhundert im damaligen Bengalen an Land gingen, dehnte sich ihre Herrschaft immer weiter aus, bis Indien zu einer britischen Kolonie wurde. Bereits während der britischen Kolonialherrschaft gab es immer wieder Spannungen zwischen der hinduistischen Mehrheit und der muslimischen Minderheit, die vor allem im Nordosten des Landes lebte.

Im Jahr 1947 und nach einem langen Freiheitskampf, dessen prominentester Vertreter wohl Mahatma Gandhi war, wurde Indien offiziell unabhängig vom britischen Königreich. Allerdings brachte diese Unabhängigkeit zwei Staaten hervor: Indien, mehrheitlich von Hindus bewohnt, und das kleinere Pakistan, in dem die Mehrzahl der Bevölkerung Muslime waren. Gandhi selbst war stets gegen eine solche Teilung gewesen und hatte seiner Hoffnung Ausdruck verliehen, ein friedliches Zusammenleben der Religionen in einem Land sei möglich.

Bereits kurz nach der Teilung kam es zu ersten gewalttätigen Auseinandersetzungen, da die britische Grenzziehung bei der Bevölkerung auf Unverständnis stieß. Indien war in zahlreiche Fürstentümer gegliedert, und in diesen kämpfte die Bevölkerung nun um die Entscheidung, sich Indien oder Pakistan anzuschließen. So auch in der Grenzregion Kaschmir, um die bereits 1949 der Erste Indisch-Pakistanische Krieg entbrannte und die bis heute umkämpft ist.

Erschwerend kam hinzu, dass der neue Staat Pakistan aus West- und Ostpakistan bestand, die über 2.000 Kilometer voneinander entfernt waren. Bereits die Frage nach der offiziellen Sprache spaltete die beiden Teile: In Westpakistan sprach man überwiegend Urdu, in Ostpakistan Bengali. Westpakistan konnte sich die politische, militärische und wirtschaftliche Führung Ostpakistans sichern, was immer wieder zu Auseinandersetzungen mit Ostpakistan führte. Ostpakistan produzierte zwar mehr als die Hälfte der Exporte, bekam aber nur sehr wenige Importe. Westpakistan wollte Urdu in Ostpakistan zur Nationalsprache machen, obwohl nur ein sehr kleiner Teil der dortigen Bevölkerung Urdu beherrschte.

Nachdem ein Zyklon 1970 das ohnehin schwächer entwickelte Ostpakistan, heute Bangladesch, schwer verwüstet hatte, siegte bei den pakistanischen Wahlen im selben Jahr die ostpakistanische Awami-Liga. Die westpakistanische Regierung, die das Militär kontrollierte und einen Machtverlust fürchtete, erkannte den Sieg nicht an. Daraufhin brach ein Krieg zwischen West- und Ostpakistan aus, der sogenannte Bangladesch-Krieg. Hugo Portisch berichtete über die Lage.

Drohende
Spaltung Pakistans

29. März 1971

Guten Abend, meine Damen und Herren. Wir verfügen
auch zur Stunde noch nicht über verlässliche Nachrichten
aus Ostpakistan. Die einzigen Nachrichtenquellen, die zur
Verfügung stehen, sind die Sender der westpakistanischen
Zentralregierung und indische Nachrichtenagenturen. Aus
Ostpakistan selbst meldet sich niemand. Alle Nachrichten-
verbindungen sind gesperrt, die westlichen Journalisten
sind aus dem Lande ausgewiesen worden. Man weiß also
nicht genau, was dort vor sich geht. Und die beiden Nachrichtenquellen, die Zentralregierung und die indischen
Agenturen? Sie sind nicht verlässlich, weil beide Seiten
ein immenses Interesse daran haben, entweder die Lage
als ganz normal darzustellen oder sie als höchst gefährlich
darzustellen. Eines ist aber sicher: dass die Bevölkerung in
Ostpakistan, dass die Bengalen versucht haben, für ihren
Landesteil die volle Autonomie zu bekommen und in den
letzten Tagen sogar versucht haben, einen selbstständigen
Staat zu bilden. Das ist nicht überraschend, wenn man einen Blick auf die Landkarte wirft.

Diese Landkarte zeigt, dass die beiden Teile Pakistans,
Westpakistan mit der Hauptstadt Islamabad, und Ostpakistan mit der Hauptstadt Dhaka, so weit auseinander liegen, dass es eigentlich schon verwundert, dass diese beiden Teile Pakistans über zwanzig Jahre lang ein einziges
Staatswesen gebildet haben.

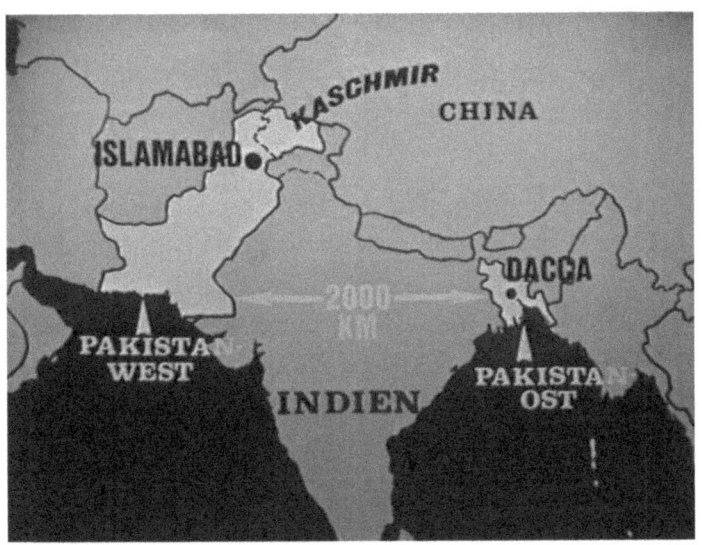

Karte Südasiens aus dem März 1971

Darüber hinaus aber sind auch noch, und das zeigt eine
Statistik sehr genau, die Güter in diesen beiden Landes-
teilen ungleich verteilt gewesen. In Westpakistan gab es
56,4 Millionen Einwohner. Das ist die Volkszählung aus
dem Jahr 1968, und dabei kamen nur siebzig Einwohner
auf einen Quadratkilometer, denn das westpakistanische
Territorium hatte 804.000 Quadratkilometer. Ganz umgekehrt in Ostpakistan. Da gab es 64,2 Millionen Einwohner,
mittlerweile sind es bereits siebzig Millionen Einwohner,
und hier gab es nur 143.000 Quadratkilometer. Das heißt,
auf jeden Quadratkilometer kamen 450 Einwohner. Nun,
das allein zeigt schon, wie die Güter verteilt gewesen sein
müssen.

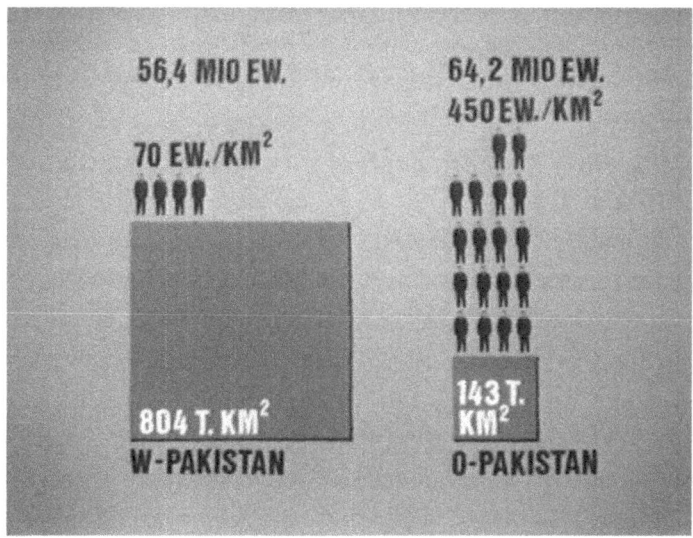

Statistik der Einwohner in Ost- und Westpakistan pro Quadratkilometer

Ostpakistan war sehr arm, Westpakistan verhältnismäßig reich. Kein Volk in der Gegend ist wirklich reich, aber das, was an Gütern da war, das kam viel mehr der westpakistanischen Bevölkerung zugute als der ostpakistanischen. Darüber hinaus ist Pakistan seit seiner Entstehung eine Diktatur, eine Militärdiktatur. Diese Diktatur hatte ihren Sitz in Westpakistan. Die Diktatoren waren auch durchwegs Westpakistaner, und alle größeren politischen Figuren in Pakistan waren ebenfalls Westpakistaner, das heißt, die ostpakistanische Bevölkerung musste immer die Herrschaft des Westens als eine Fremdherrschaft empfinden, als eine koloniale Herrschaft empfinden. Die Industrien Pakistans stehen ebenfalls im Westen, der

Osten erzeugt fast nur in Monokultur Jute, und auch diese Jute wird dort nicht verarbeitet, sondern als Rohprodukt exportiert. Das heißt, Westpakistan hat zwar die Einnahmen gehabt, hat diese Einnahmen aber sehr kärglich mit Ostpakistan geteilt.

Trotzdem haben diese Leute eine unendliche Geduld gehabt. Denn Pakistan hatte einen einzigen gemeinsamen Nenner. Das war die gemeinsame Religion. Der Islam ist die Religion Westpakistans und Ostpakistans gewesen. Und weil die Bevölkerung im Westen wie im Osten islamisch war, hat man diesen Staat geschaffen, als sich die Engländer aus dem indischen Subkontinent zurückgezogen haben. Damals wurden diese Grenzen geschaffen. Wo leben Moslems? Die haben ihren eigenen Staat. Die Hindus haben dann den Staat Indien. Nun, die Geduld dieser Bevölkerung hatte, wie gesagt, fast keine Grenzen. Der gemeinsame Glauben hat den Staat zusammengehalten.

Dann kam die große Flutkatastrophe des Vorjahres. Hunderttausende Pakistanis wurden von dieser Springflut, die sich über das flache Land gewälzt hat, hinweggefegt und starben in den Fluten. Und damals hat die westpakistanische Regierung das einzige Mal, da sie zeigen konnte, was eine Zentralregierung wert ist, und dass es gut ist, eine Zentralregierung zu haben, da hat diese Regierung versagt. Sie hat Ostpakistan fast nicht geholfen. Dorther kam dann der große Ruf zur Selbstständigkeit, zur Autonomie. Und der Mann, der sich an die Spitze dieser Bewegung gestellt hat, war Mujibur Rahman, ein Scheich, der meinte: Hier müssen wir wenigstens die Autonomie erlangen.

Nun muss man aber dem Staatspräsidenten von Pakistan, Yahya Khan, doch zugutehalten, dass er demokratische Wahlen ausgeschrieben hat. Er wollte die Militärdiktatur beenden, und er wollte die Regierung in zivile Hände legen. Es gab also freie und demokratische Wahlen in beiden Teilen Pakistans. Und nun geschah genau das, was jetzt zu dieser Entzweiung geführt hat. Ostpakistan mit seinen sehr viel mehr Einwohnern hat viel mehr Sitze im Zentralparlament bekommen. Diese Einwohner haben nun ihre Stimme nicht aufgesplittert auf verschiedene Parteien, sondern nur die Awami-Liga, also die Unabhängigkeitsliga des Scheich Rahman, gestützt. Damit aber wäre Rahman mit einer absoluten Majorität ins zentrale Parlament eingezogen, und er hätte dort mit seiner Majorität die Unabhängigkeit beziehungsweise die Autonomie für Ostpakistan durchsetzen können.

Das wollte die westpakistanische Volkspartei nicht zulassen, unter der Führung des Herrn Bhutto, der früher Außenminister war. Und das wollte auch die Armee nicht zulassen, denn die Armee ist neben dem Islam die zweite Klammer Pakistans. Diese Armee ist sehr gut ausgerüstet, sie steht ja auch im Kampf. Sie hat Jahrzehnte gekämpft um die Rückgabe Kaschmirs. Kaschmir ist ein islamisches Land, wurde aber von Indien inkorporiert. Und Pakistan hatte ja immer Front gemacht gegen Indien.

Und hier kommen wir nun zur größeren Bedeutung dieses Konflikts. Man hat also verhindert, dass das Parlament zusammentritt. Man hat verhindert, dass die Ostpakistaner ihre Autonomie erklären mit einer demo-

kratischen Majorität im Parlament. Aber jetzt wird der
Konflikt auch international, denn die Inder unter [*Präsi-
dentin, nicht mit Mahatma Gandhi verwandte*] Indira Gandhi haben sofort Sympathien für diese Teilung Pakistans
gezeigt und unterstützen die Bengalen und meinen, die
sollten ruhig ihre Unabhängigkeit haben. Klar, Indien ist
immer zwischen zwei Fronten gestanden. Immer war es
von West- und Ostpakistan eingeklammert und hat einen Krieg gegen Pakistan führen müssen und sehr viele
Kämpfe um Kaschmir bestehen müssen.

Und so gab es für Indien eine dreifache Bedrohung: die
Bedrohung aus China, gleichzeitig von beiden Flanken
Ost- und Westpakistans.

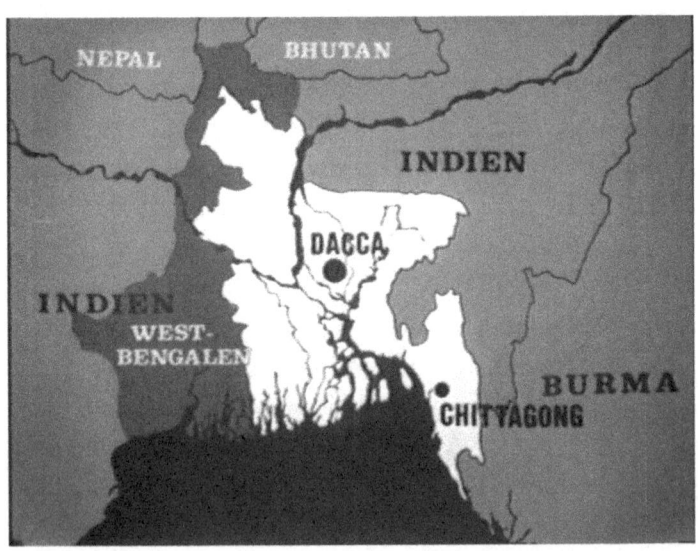

*Landkarte Indiens mit Verweis auf West-Bengalen aus dem Jahr
1971*

Natürlich kann man sich jetzt vorstellen, dass Indien sich wenigstens eine Front wegdenken möchte, dass Indien glücklich wäre, wenn es ein Ostbengalen gäbe. Wenn es einen freien bengalischen Staat gäbe, dann würde vielleicht diese zweite Bedrohung wegfallen. Allerdings macht da die indische Regierung die Rechnung noch ohne den Wirt. Denn ein Blick auf die Landkarte zeigt uns, dass Bengalen ja aus zwei Teilen besteht: aus dem pakistanischen Bengalen und aus Westbengalen. Westbengalen gehört aber zu Indien.

Es könnte sein, wenn es zu einem freien Staat Bengalen kommt, dass diese Westbengalen, obwohl sie Hindi sind, sagen: Wir möchten lieber zu unserem Volk zurück, wir möchten einen Staat bilden, zusammen mit den Ostbengalen. Und das würde dann auch auf Kosten Indiens gehen. Jedenfalls hat also diese Absprungbewegung Ostpakistans viel mehr Konflikte aufgeworfen. In einem Raum, der ohnehin schon bedroht ist durch China, der ohnehin schon sehr unruhig ist, könnte dieser Konflikt noch große Weiterungen auf dem ganzen indischen Subkontinent haben.

Auf Wiederhören und auf Wiedersehen.

Wie von Hugo Portisch analysiert, hatte Indien großes Interesse an diesem Krieg, da er Pakistan zu spalten und zu schwächen drohte. Zunächst drangen indische Truppen 1971 in Ostpakistan ein, um die Ostpakistaner gegen Westpakistan zu unterstützen. Westpakistan bombardierte daraufhin mehrere indische Städte, wodurch Indien auch Kampfhandlungen an der Grenze zu Westpakistan aufnahm. Der Dritte Indisch-Pakistanische Krieg war ausgebrochen.

Die Situation in Ost- und Westpakistan

27. November 1971

Guten Abend, meine Damen und Herren. Der Konflikt zwischen Indien und Pakistan hat in dieser Woche seinen Höhepunkt erreicht. Die letzten Meldungen sind keineswegs beruhigend, sondern sehr alarmierend. Indische Truppen stehen offenbar an vier Stellen auf pakistanischem, ostpakistanischem, Territorium. Es wird geschossen, es kommt zur offenen Feldschlacht, und Panzer und auch Flugzeuge werden bereits eingesetzt. Trotzdem ist das noch kein Krieg. Wir aber müssen uns fragen: Was hat zu dieser sehr kriegsähnlichen Situation geführt? Kann daraus ein echter Krieg werden, der unter Umständen nicht nur den indischen Subkontinent, sondern ganz Asien oder die Welt in Mitleidenschaft ziehen könnte? Nun, die Erklärung dafür liegt zum Teil wenigstens auch in der geographischen Lage Ostpakistans, die wir auf einer Landkarte erkennen können.

Pakistan ist, wie Sie wissen, geteilt in ein West- und in ein Ostpakistan. Damit nehmen diese beiden Teile Pakistans Indien in die Flanke. Das heißt, wenn Indien einmal von außen her bedroht sein sollte, wie es schon einmal war, etwa durch China, dann wird die Flankenstellung,

die Pakistan hier einnimmt, vom Osten wie vom Westen
her für Indien bedrohlich.

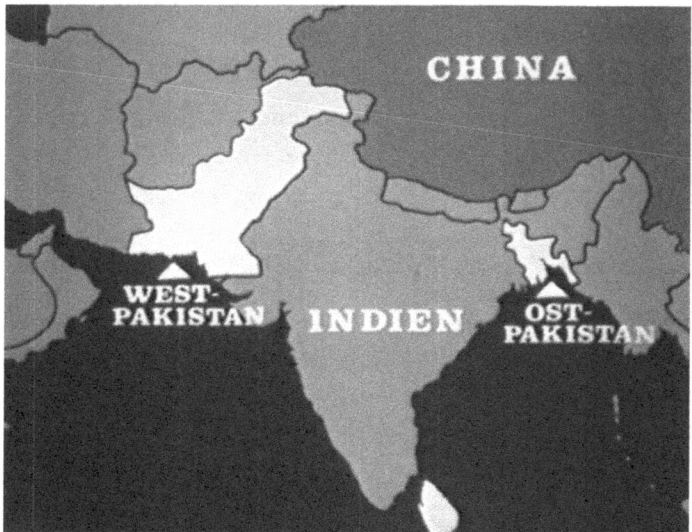

*Veranschaulichung der geographischen Lage Indiens inmitten
von Ost- und Westpakistan*

Es ist also nicht nur die alte Feindschaft zwischen Indi-
en und Pakistan, die diesen Konflikt schürt. Es ist auch
der alte Wunsch, sowohl der Pakistani wie der Inder, den
Gegner zu schwächen.

Die Sowjetunion hat mit Indien sofort einen Freund-
schaftspakt geschlossen, der auch militärische Aspekte
hat. Das heißt, Indien kann auf die Freundschaft und
die militärische Hilfe der Sowjetunion zählen. Auch
da spielen natürlich Großmachtinteressen hinein. Die

Sowjetunion, die sich in Asien festsetzen will, unter Umständen als zweite Front gegenüber China. Und dieses Indien hatte nun mit der Sympathie der gesamten Welt zu rechnen, während Pakistan mit der Verurteilung der Welt rechnen musste. Aus dieser Situation heraus hat Indien begonnen, die Unabhängigkeitsbewegung in Ostpakistan aktiv zu unterstützen, zuerst durch Radiosendungen, dann durch die Aufnahme der Flüchtlinge, dann aber auch durch das Training von Guerillakämpfern, also Partisanenausbildung auf indischem Territorium, Rücksendung dieser bewaffneten Partisanen nach Ostpakistan und Beunruhigung der ostpakistanischen Armee. Heute sind wir so weit, dass diese Guerillakämpfer in Ostpakistan kämpfen, aber sich nicht durchsetzen können gegenüber der gut ausgebildeten pakistanischen Armee, wenn nicht die indischen Truppen entlang der gesamten Front, entlang der gesamten Grenze Ostpakistans aufmarschieren würden und, wie wir sehen, auch den militärischen Druck auf Ostpakistan jetzt aktiv ausüben.

Nun, das Ziel Indiens ist dabei wohl klar. Es fordert dieses Ziel auch immer eindeutig: Lasst die verhafteten Führer der Awami-Liga frei, verhandelt mit ihnen! Macht ein unabhängiges Ostpakistan, ein unabhängiges Bengalen, ein Bangladesch, wie sie es nennen. Das würde für Indien eine starke Entlastung bringen. Pakistan wäre damit zerschlagen. Ein unabhängiger kleiner Staat im Osten Indiens, der sehr bald wahrscheinlich sogar ein indischer Satellitenstaat werden würde. Aber Pakistan würde damit auch aufhören, staatlich zu existieren. Und für Westpakistan wäre natürlich die indische Gefahr dann besonders groß.

Daher weigern sich die Pakistani, diesem Wunsch Indiens nachzugeben, und sie versuchen sich noch immer militärisch durchzusetzen.

Was geschieht nun in diesen Tagen? In diesen Tagen erhöht Indien den militärischen Druck auf Ostpakistan, um die pakistanischen Führer zur Kapitulation zu zwingen. Noch dazu, da die ganze Welt ja faktisch hinter Indien steht, nicht aber hinter Pakistan. Wenn nun die Pakistani hier politisch nicht nachgeben, wenn sie also Bangladesch nicht freigeben, Ostpakistan fallen lassen, dann werden sie in den Krieg gehen. Das heißt, sie werden sich aus dieser Situation mit einer kriegerischen Aktion zu befreien trachten.

Diesen Krieg kann aber Pakistan nicht im Osten führen, nicht in Ostpakistan, sondern dort, wo es stark ist, in Westpakistan. Ordnet es dort aber den Krieg an, dann gilt es als Aggressor. Denn der Kleinkrieg in Ostpakistan, an den hat sich die Welt schon wieder gewöhnt. Wenn aber Westpakistan sich befreien will, wenn es sich von dem Druck erlösen will, der auf Ostpakistan herrscht, dann muss es zur Offensive übergehen in Westpakistan. Dann kommt es zum regelrechten Krieg zwischen Indien und Pakistan, der aber eher im Westen als im Osten ausgefochten wird. Nun, normalerweise müsste ja die UNO einschreiten, der Sicherheitsrat der UNO, aber der kann ja nur funktionieren, wenn die Großmächte sich einig sind. Das sind sie nicht. Die Sowjetunion steht hinter Indien, Amerika steht mehr hinter Pakistan, das gleich zwei westlichen Verteidigungsbündnissen angehört. Und China steht mehr hinter Pakistan als hinter Indien. Es kann also infolgedessen keine Einigung im Sicherheitsrat geben. Folglich werden jetzt die Mittel der Geheimdiplomatie angewendet, um die beiden Staaten noch einmal vor dem großen Konflikt zurückzuhalten. Ob das gelingt? Das allerdings ist die Frage für die nächsten Tage und Wochen.

Auf Wiederhören und auf Wiedersehen.

Obwohl der Krieg nur von März bis Dezember 1971 andauerte, waren die Opferzahlen immens: Aufgrund der unübersichtlichen Lage geht man von 300.000 bis drei Millionen Opfer aus. Es kam zu zahlreichen Kriegsverbrechen, ehe die westpakistanische Armee in Ostpakistan kapitulierte und sich zurückzog. Aus Westpakistan wurde das heutige Pakistan mit der Hauptstadt Islamabad, aus Ostpakistan der Staat Bangladesch mit der Hauptstadt Dhaka. Das Projekt, einen Staat für alle Muslime auf dem indischen Subkontinent zu schaffen, war gescheitert. Die angespannten Beziehungen vor allem zwischen Pakistan und Indien halten bis heute an.

Chinas Aufstieg zur globalen Macht

Rund dreihundert Jahre wurde China von den Kaisern der Qing-Dynastie regiert. 1912 dankte der letzte von ihnen, der erst fünfjährige Puyi, zugunsten einer Republik ab. Allerdings sollten die nächsten Jahrzehnte mit innenpolitischen Machtkämpfen vergehen, weil es keiner Partei gelang, das entstandene Machtvakuum nachhaltig zu füllen. In diese Zeit fallen die Warlord-Ära (von 1916 bis 1928) und der Chinesische Bürgerkrieg (1927 bis 1949).

Japan nutzte vor allem während des Zweiten Weltkriegs die innere Spaltung Chinas aus und annektierte chinesische Gebiete.

Erst nach der Niederlage Japans an der Seite der Achsenmächte Deutschland und Italien im Zweiten Weltkrieg zogen sich die japanischen Truppen aus China zurück. Daraufhin entbrannte der Chinesische Bürgerkrieg erneut zwischen den Kommunisten unter Mao Zedong und der nationalistischen Kuomintang unter General Chiang Kai-shek. Dieser Krieg endete 1949, als die Kommunisten unter Mao die Macht im Staat übernahmen und die Volksrepublik China ausriefen. Chian Kai-shek zog sich mit den Kuomintang nach Taiwan zurück und rief dort die Republik China aus.

Als kommunistisches Land arbeitete China unter Mao zunächst eng mit der Sowjetunion zusammen, während die USA die Republik China in Taiwan unterstützten. In den 1950er Jahren jedoch gingen die Meinungen, wie der Sozialismus politisch umzusetzen sei, zwischen dem Ersten Sekretär der Kommunistischen Partei der Sowjetunion, Nikita Chruschtschow, und Mao Zedong auseinander.

Beim 20. Parteitag der Kommunistischen Partei der Sowjetunion im Jahr 1956 kündigte Chruschtschow den Prozess der »Entstalinisierung« an und kritisierte Stalin in dieser berüchtigten »Geheimrede« stark. Mao empfand das als Revisionismus. Zudem unterstützte die Sowjetunion die Volksrepublik China gegen ihre Kontrahenten, die Republik China in Taiwan, nicht im erwarteten Maße. All das führte dazu, dass die Beziehungen der beiden Länder abkühlten und sich plötzlich neue Bündnisse formierten.

So öffnete sich China für den Westen, besonders für die USA. Auch die Sowjetunion, die nicht mehr auf die zweite kommunistische Großmacht China als Partner bauen konnte, versuchte, die Beziehungen zum Westen zu verbessern. Die Weltordnung schien sich zu verschieben. Hugo Portisch berichtete.

Außenpolitische Aktivitäten der Volksrepublik China

11. September 1971

Guten Abend, meine Damen und Herren. Die Ankunft des ersten chinesischen Botschafters in Wien ist nur eines der vielen Zeichen für die enorme diplomatische Aktivität, die China in den letzten Monaten entfaltet hat. Peking sammelt keineswegs nur Anerkennungen von mehr als sechzig Nationen innerhalb der letzten Monate. Es will nicht nur in die UNO und dort seinen Sicherheitsratssitz bekommen, es wird an den neuralgischen Punkten in der Welt mehr als diplomatisch aktiv. Ein letztes Anzeichen dafür gab es im Sudan, wo die Chinesen gegen die Interessen der Sowjets auf der Seite der zuerst gestürzten und dann wiedergekehrten Regierung waren. Sie sind aber auch in Algerien aktiv, in Syrien aktiv, in Pakistan aktiv, kurz: an vielen Ecken und Enden der Welt, besonders aber in Osteuropa und auch in Westeuropa. In Westeuropa versuchen die Chinesen jetzt auch, eine Botschaft bei der Europäischen Wirtschaftsgemeinschaft [*EWG, Vorläufer der EU*] einzurichten.

Und sie fordern die EWG-Staaten immer wieder auf: Einigt euch, formt ein geschlossenes Europa! Die Absicht liegt ziemlich klar auf der Hand. Die Chinesen wünschen ein starkes Westeuropa, das ein gewisses Gegengewicht zur Sowjetunion bilden kann. Und sie werden natürlich in Osteuropa aktiv, in Rumänien, Jugoslawien und Albanien, um die Sowjets auch von der Flanke her zu beunruhigen. Folgerichtig ist die sowjetische Außenpolitik fast zum selben Zeitpunkt aus ihrer jahrelangen Erstarrung erwacht. Die Sowjets haben heute eine Außenpolitik, die mehr im Fluss ist als in all den Jahren seit der Absetzung Chruschtschows [*1964 von Leonid Breschnew gestürzt*]. Das begann mit der Einigung über Berlin, und es musste mit der Einigung über Berlin beginnen. Denn der Westen hatte für alle weiteren Gespräche mit der Sowjetunion diese Einigung über Berlin als Voraussetzung gedacht, darauf hat der Westen immer bestanden. Wir können nicht verhandeln über eine Sicherheitskonferenz in Europa, wir können nicht verhandeln über Truppenreduzierungen.

Ja, die einzelnen NATO-Staaten, und das ist nun Westeuropa, haben immer wieder gesagt, wir können mit der Sowjetunion nicht handelseinig werden, auch über alle anderen Fragen, solange die deutsche Frage nicht stillgelegt ist. Nun haben die Sowjets sich in Berlin bereit erklärt, dieses Problem zu lösen. Aber sie warten die innerdeutschen Gespräche gar nicht ab, die sich, wie Sie wissen, in der letzten Woche sehr gespießt haben. Sie gehen mit ihrer diplomatischen Großoffensive gleich weiter. Breschnew hat seinen Besuch in Paris angekündigt. Willy Brandt, der deutsche Bundeskanzler, soll schon in der nächsten Woche in die Sowjetunion kommen. In beiden Fällen will man schon über die Sicherheitskonferenz, will man schon über Truppenreduzierungen sprechen. Damit ist aber das Reiseprogramm der Sowjets keineswegs zu Ende. Es wird Kossygin [*Alexei Kossygin, sowjetischer Ministerpräsident von 1964 bis 1980, neben Breschnew der wichtigste Politiker der Sowjetunion*] in die skandinavischen NATO-Staaten fahren, nach Dänemark, nach Norwegen, ja sogar nach Kanada. Es soll ein Sowjetbesuch in Algerien stattfinden. Breschnew selbst fährt ebenfalls schon sehr bald nach Belgrad und schaut, mit Tito übereinzukommen. Eventuell Flankensicherung aus dem Südosten, aber auch Titos Wort in der Dritten Welt. Und Podgorny, der sowjetische Staatspräsident, wird nach Nordvietnam fliegen.

Die Nordvietnamesen sind einigermaßen erzürnt, dass China damit beginnt, es sich mit den Amerikanern zu richten. Das versucht die Sowjetunion sofort auszunutzen, und es heißt sogar, die Sowjets wären drauf und dran, mit den Japanern einen Friedensvertrag abzuschließen. 26 Jahre lang haben sich die Sowjetunion und auch Japan geweigert, diesen Friedensvertrag zu schließen, weil die Sowjets japanische Inseln okkupiert haben und sie nicht wieder hergeben wollen. Jetzt auf einmal ein starkes sowjetisches Bestreben mit den Japanern übereinzukommen. Wir sehen also hier, dass die Sowjets auch die Schwächen der USA ausnützen in Europa, durch die Währungskrise und durch den amerikanischen Wunsch, die Truppen zu reduzieren, vielleicht eines Tages sogar abzuziehen. Da wird die Sowjetunion jetzt in Westeuropa sehr aktiv versuchen, die einzelnen europäischen Staaten gegeneinander auszuspielen. Brandt nach Moskau, Breschnew nach Paris und in Japan. Natürlich ist die Bestürzung über Nixons Besuch in China groß, und noch größer ist die Bestürzung über die Handelsrestriktionen, die Präsident Nixon verkündet hatte, die sich hauptsächlich gegen japanische Waren richten.

All das also mobilisiert die Sowjetunion. Sie setzt ihr gesamtes politisches, diplomatisches und militärisches Instrumentarium ein, um jetzt in dieser Situation, da China auf die Bühne der Weltpolitik tritt, zu zeigen: Wir sind die stärkere Macht, wir haben die größere Wirtschaftskraft, wir haben die bessere Rüstung, wir sind geografisch besser gelegen. Ihr müsst mit uns. Die Anerkennung Chinas als zweite kommunistische Großmacht gilt es zumindest einzudämmen. Dabei vergessen natürlich die Sowjets keineswegs, dass dieselben Prinzipien für den Westen gelten. Auch dort bleiben die USA die stärkste Wirtschaftsmacht, die größte Militärmacht, und deshalb halten sie auch mit den Amerikanern Verbindung. Es gehen die Gespräche über die strategische Rüstungsbeschränkung weiter. Man hat sich erst jetzt in diesen Tagen geeinigt, den heißen Draht zwischen Washington und Moskau zu verbessern. Er soll jetzt über Weltraumsatelliten geleitet werden, so dass Amerikaner und Sowjets miteinander reden können, ohne dass jemand mithören kann. Bis jetzt geht dieser heiße Draht über ein Transatlantikkabel und durch viele europäische Staaten. Und man will mit den Amerikanern ein Flottenabkommen schließen und ein neues Weltraumabkommen. Auch das zeigt nur, China wurde aktiv. Die Sowjets versuchen, diesen chinesischen Einfluss auf allen Gebieten und in allen Teilen der Welt zurückzudrängen. Aber jedenfalls ist mit diesem Auftreten Chinas in der Weltpolitik genau das eingetreten, was Kommentatoren damals schon vorausgesehen haben: Die Weltpolitik ist heute mehr im Fluss als je zuvor in den letzten Jahren.

Auf Wiederhören und auf Wiedersehen.

Zwei große politische Projekte sollten China verändern und zu einer führenden Weltmacht wandeln: »der Große Sprung nach vorn« und die Kulturrevolution.

»Der Große Sprung nach vorn« fand zwischen 1958 und 1961 statt. Das Ziel war, China unabhängiger zu machen, vor allem von der Sowjetunion, und wichtige Industriegüter selbst herzustellen. Die Mehrheit der chinesischen Bevölkerung auf dem Land war traditionell in der Landwirtschaft tätig. Plötzlich wurden hunderttausende Menschen für Wasserbauprojekte oder zur Stahlherstellung abgestellt. Es fehlte an Fachwissen, zudem waren die von der kommunistischen Führung in Peking ausgegebenen Ziele unerreichbar. Kritiker wurden politisch verfolgt und in Straflager geschickt. Bereits während des Jahres 1958 zeichneten sich die verheerenden Folgen ab: Die fehlenden Arbeiter in der Landwirtschaft führten zwischen 1959 und 1961 zu einer der größten Hungersnöte in der Geschichte der Menschheit. Schätzungen zufolge starben zwischen 15 und 55 Millionen Menschen an den Folgen der Hungersnot, ehe »der Große Sprung nach vorn« 1961 vorzeitig beendet wurde.

Der zweite große politische Umbruch war die Kulturrevolution, die von 1966 bis 1976 andauerte. Sie hatte nicht mehr die Landwirtschaft und Industrie zum Ziel, sondern Kultur und Gesellschaft. Die Idee der Kulturrevolution bestand darin, alle »alten«, der kommunistischen Ideologie nach Mao widersprechenden Gesinnungen, Ideen und Sichtweisen zu beseitigen. Das betraf Mitglieder der kommunistischen Partei, die es sich in ihren Positionen bequem gemacht hatten, ebenso wie der offiziellen Parteilinie kritisch eingestellte Menschen. Besonders die Jugend sollte diese Bewegung tragen, Schüler und Studenten schlossen sich zur »Roten Garde« zusammen, um »Klassenfeinde« zu bekämpfen. Menschen wurden als »Klassenfeinde« diffamiert, verfolgt und angegriffen. Auch in dieser Zeit ist die Zahl der Todesopfer schwer zu bestimmen, man schätzt sie zwischen Hunderttausende und zwanzig Millionen. Außerdem wollte Mao seine Vormachtstellung festigen und Konkurrenten eliminieren.

1971 erkrankte Mao Zedong. Das Ende eines der mächtigsten Männer der Welt schien nah. Die ganze Welt blickte nach China, auch Hugo Portisch.

Machtkämpfe in China
1. Oktober 1971

Guten Abend, meine Damen und Herren. China hat also heute den 22. Jahrestag des Sieges der Kommunisten gefeiert. Aber es hat es nicht so gefeiert wie in den vergangenen 21 Jahren. Es fehlten die großen Paraden des Militärs und der Arbeiterschaft. Es fehlte das große Festbankett, bei dem sich die gesamte chinesische Führung zeigte. Es fehlten vor allem die chinesischen Führer selbst. Sie waren weder im Fernsehen zu sehen, noch zeigten sie sich bei den Empfängen für die ausländischen Diplomaten, noch zeigten sie sich unter dem Volk. Und selbstverständlich hat dieses Fehlen der chinesischen Führerschaft und das Absagen aller großen Festlichkeiten zu einer Welle von Gerüchten geführt. Diese Gerüchte meinten, wenn sich die chinesische Führung nicht zeigt, dann ist entweder Mao Zedong erkrankt, oder er sei schon tot, oder er befinde sich in einem harten Machtkampf mit anderen chinesischen Politikern.

Nun, dazu führten auch noch andere Meldungen aus China. So wurde der Flugverkehr in China selbst für einige Tage gesperrt. Urlaubssperre gab es bei der Armee, und man stellte erhebliche Truppenbewegungen im Lande fest. All das führte also zu der Vermutung, in China ist entweder ein Machtwechsel im Gange, oder es wird überhaupt um eine neue politische Führung gerungen. Jedenfalls ist Mao Zedong offenbar nicht mehr so fest im Sattel, wie er es bisher zu sein schien.

Nun, meine Damen und Herren, chinesische Wahrsager lesen die Gegenwart und Zukunft aus den Teeblättern ab. Wir müssen das nicht. Es gibt einige sehr harte Fakten, die wir über China wissen und die vielleicht sehr aufschlussreich sind für das, was zurzeit in China vor sich geht. Denn die Mao Zedong'sche Führung in China ist nicht unumstritten gewesen, wie das vielleicht die Kulturrevolution, die Millionen roten Büchlein und die großen Mao-Sprüche bisher der Welt zu beweisen schienen. Mao Zedongs Führung war schon 1958 umstritten, als Mao den Großen Sprung vorwärts für China anordnete. Damals wollte der chinesische Führer, dass, durch eine Kraftanstrengung ohnegleichen, das chinesische Volk zu einer Industrienation wird, dass man mit blanken Händen und Fingernägeln das schafft, wozu andere Nationen ein Jahrhundert an industrieller Entwicklung gebraucht haben. Und dieser große Sprung vorwärts ging schief. Die Wirtschaft und die Landwirtschaft wurden durch diese Kraftanstrengung fast ruiniert. Es blieben auch die Folgen nicht aus.

Mao Zedong wurde als Staatspräsident Chinas damals abgesetzt. Er blieb zwar noch Vorsitzender der Partei, aber jeder in Peking meinte, er sei es eigentlich nur noch ehrenhalber. Es sind neue Leute ans Ruder gekommen: Liu Shaoqi, der damalige neue Staatspräsident Zhou Enlai und andere politische Führer. Also Mao war halb entmachtet, aber es fand noch ein anderer Prozess in China statt. Da man nun die Wirtschaft retten musste, da man das Staatswesen stabilisieren musste, hat man genau jene bürokratischen und administrativen Formen eingeführt, die es auch in der Sowjetunion gab. Es gab eine sehr ähnliche Entwicklung wie in der Sowjetunion. Jeder wollte wieder einen festen Posten haben, wollte Sicherheit haben, wollte Funktionen haben, wollte Ehren haben, wollte materielle Güter haben, ja sogar einen neuen persönlichen Besitz. Das kritisierte Mao Zedong aus seinem Halb-Exil heraus und meinte: Wir verlieren den revolutionären Schwung. Wir sind nicht mehr beispielgebend für die Arbeiterklasse und für die nationale Aufstandsklasse in der ganzen Welt. Und wir werden einen Weg des Revisionismus gehen, so wie in der Sowjetunion. Für uns aber wird er tödlich sein, weil das chinesische Volk anders geartet ist als das russische. Es strebt nach Besitz, nach Eigentum. Es fällt zurück in alte Traditionen.

So ist Mao Zedong 1965 zum Gegenstoß angetreten, zu einem Gegenstoß, der ihn wieder an die Macht bringen sollte, und zu einem Gegenstoß, der den revolutionären Schwung in China wiederherstellen sollte. Er forderte die Kulturrevolution, aber der Staatsapparat machte nicht mit. Der Parteiapparat machte nicht mit. Selbst die kommunistische Jugendorganisation machte nicht mit, und die Arbeiterschaft ließ sogar aus.

Und so musste er an die Kinder appellieren, an die Jugendlichen, an die landwirtschaftlichen Arbeiter. Sie machten ihm die Kulturrevolution, alle Apparate wurden zerschlagen, der Staatsapparat, der Parteiapparat, die Administration, ja auch die Wirtschaft. Und dann herrschte in China eine Zeit lang das Chaos, und es konnte nicht wiederhergestellt werden durch eine neue Parteistruktur, durch eine neue Staatsstruktur, sondern Mao Zedong musste die Armee zu Hilfe rufen. Diese hat dann Ordnung geschaffen, und das Resultat ist uns bekannt.

In den meisten Partei- und Führungsrollen überhaupt sitzt heute das Militär. Im Politbüro ist die Zahl der Marschälle und Generäle höher als die der Zivilisten. Von diesem Militär aber wissen wir, dass es immer gefordert hat, China muss aus der Gefahrenzone bleiben. Es darf keinen Zweifrontenkrieg geben. Es kann sich nicht gegen beide Supermächte, gegen die Sowjetunion und gegen Amerika, stellen. Es hat Frieden zu schließen, entweder mit beiden oder mit einer der beiden Supermächte. Und was wir in den letzten Monaten erlebt haben, bestätigt das. Es hat Verhandlungen mit der Sowjetunion gesucht, dieses neue China. Und es hat auch Verhandlungen mit den Amerikanern gesucht, hat sogar Präsident Nixon, den Erbfeind und den Erzfeind, nach Peking eingeladen. Wenn es aber jetzt doch zu Schwierigkeiten in Peking kommt, wenn sich diese Führung nicht zeigt und wahrscheinlich aus gutem Grund nicht zeigt, weil man bestimmte Führer nicht herzeigen kann, dann ist vielleicht diese Politik infrage gestellt. Aber welcher Teil dieser Politik, das wissen wir nicht.

Meine Damen und Herren, der Zustand kann nicht lange dauern. Es kommen sehr bald neue Besucher nach China. Der abessinische Kaiser Haile Selassie ist demnächst unterwegs nach Peking. Und dann soll ja auch Nixon sehr bald kommen. Die müssen ja von jemandem empfangen werden. Von wem werden sie empfangen, und welche Art von Politik wird man ihnen vortragen? Darüber wird man also doch recht bald Bescheid wissen.

Auf Wiederhören und auf Wiedersehen.

1971 besuchte das amerikanische Tischtennis-Team China. Im Februar 1972 erfolgte der offizielle Besuch des amerikanischen Präsidenten Richard Nixon in der Volksrepublik. Nach Nixons Besuch in China reiste der Chef und Tischtennisweltmeister der chinesischen Tischtennisspieler in die USA. Daher auch die Bezeichnung »Ping-Pong-Diplomatie«.

Die Sowjets waren anfangs erwartbar erzürnt über diesen Besuch, später verhandelten sie selbst mit Nixon.

So entstand eine Art Dreiecksbeziehung zwischen Peking, Washington und Moskau, eine Kommunikation zwischen diesen drei Großmächten.

1976 starb Mao Zedong. Bald nach seinem Tod wurde die »Viererbande«, bestehend aus Wang Hongwen, Zhang Chunqiao, Jiang Qing und Yao Wenyuan festgenommen. Sie waren gemeinsam mit Mao die Hauptakteure der Kulturrevolution gewesen. Die Kulturrevolution wurde beendet und Hua Guofeng zum neuen Vorsitzenden der Kommunistischen Partei Chinas ernannt. Deng Xiaoping, der zwar nie formal Vorsitzender, Regierungs- oder Staatschef war, aber realpolitisch die größte Macht innehielt, war ein Kritiker der Kulturrevolution und startete das Programm »Reform und Öffnung«.

Die Islamische Revolution im Iran

Die Geschichte des persischen Reiches ist eine lange und wechselvolle: Bereits in der Antike als ein Weltreich bekannt und gefürchtet, wurde es unter den Safawiden ab 1500 ein islamisches Großreich. Im 19. Jahrhundert wurde Persien allerdings immer wieder von Krisen gebeutelt, bis es zu Bestrebungen kam, die Monarchie in eine Republik zu verwandeln. 1906 gab sich der Iran sogar als erstes Land im Nahen Osten eine Verfassung.

Im Ersten Weltkrieg kam es zu heftigen Kämpfen auf persischem Boden zwischen Großbritannien, dem russischen Zarenreich und dem Osmanischen Reich. Aus den folgenden Wirren gelang es einem Mann aus dem Militär, das Land als Premierminister zu einen: Reza Khan. 1925 wurde er zum Schah, zum Herrscher des Iran ernannt, und nannte sich fortan Reza Schah Pahlavi.

Diese Vorgeschichte ist wichtig, um zu begreifen, wie umfassend die Reformen waren, die der neue Schah durchsetzte: Der Einfluss ausländischer Mächte, wie jene des britischen Königreichs oder der neuen Sowjetunion, wurde zurückgedrängt. Der Schah ließ Straßen und Eisenbahnlinien bauen, alle Männer (ausgenommen Geistliche) mussten westliche Kleidung tragen, und Frauen wurde der Schleier verboten. Die allgemeine Wehrpflicht riss junge Männer aus ihren geistlichen Studien und zwang ihnen eine säkulare Bildung auf.

Der neue Schah sympathisierte zunächst mit dem aufstrebenden Nazideutschland, erklärte schließlich auf Druck von Großbritannien jedoch die Neutralität des Irans während des Zweiten Weltkriegs.

Der Iran blieb aus einem wichtigen Grund für die Großmächte von Interesse: wegen seines Öls. 1941 zwangen britische und sowjetische Truppen, die im Iran einmarschierten, Reza Schah Pahlavi zur Abdankung. Ihm folgte sein erst 22-jähriger Sohn auf den Thron, Mohammad Reza Pahlavi.

Mohammad Reza Pahlavi führte die »Verwestlichung« des Iran fort und öffnete sein Land mit Meinungs-, Presse- und Redefreiheit. Allerdings gewährte er seinen amerikanischen und britischen Unterstützern großzügigen Zugriff auf die Ölvorkommen im Iran. Der iranische Premierminister Mohammad Mossadegh versuchte, das iranische Öl vor Zugriffen von außen zu schützen und die Ölfirmen zu verstaatlichen. Im Zuge der von britischen und amerikanischen Geheimdiensten betriebenen Operation Ajax wurde Mossadegh abgesetzt. Schah Mohammad Reza Pahlavi errichtete mithilfe der USA in Folge einen zunehmend autokratisch regierten Staat.

Schah Mohammad Reza Pahlavi trieb weitere Veränderungen voran: 1963 wurde etwa das Frauenwahlrecht eingeführt. Konservative und geistliche Führungspersönlichkeiten waren entschieden gegen das Reformprogramm des Schahs. Sie warfen ihm vor, eine Marionette der USA zu sein und gegen den Islam zu handeln. Besonders der

Geistliche Ajatollah Ruhollah Chomeini schaffte es, die Gegner des Schahs hinter sich zu versammeln.

Chomeini wurde aufgrund seiner vehementen Kritik 1979 ins Exil geschickt, doch führte er seinen Kampf gegen den Schah aus Europa fort. Seine Anhänger riefen zu bewaffnetem Widerstand auf. Als die Gewalt im Iran zunahm, beschlossen die westlichen Länder, den Schah nicht länger zu unterstützen. Chomeini konnte in den Iran zurückkehren, der Schah musste fliehen. Es kam zu Massenhinrichtungen an Gegnern des neuen Regimes. Chomeini etablierte eine Theokratie, in der Geistliche alle wichtigen Entscheidungen lenkten und jedes Gesetz mit dem Koran vereinbar sein musste (Scharia). Chomeini erklärte sich zum Obersten Führer der neuen Islamischen Republik Iran, der erste Präsident wurde Chomeinis Vertrauter Abolhassan Banisadr.

Doch auf die Revolution folgte Chaos, wie Hugo Portisch im Jänner 1980 berichtet.

Aktuelle Lage im Iran

1. Jänner 1980

Meine Damen und Herren – Bombenattentate, Verschwörungen, Massenhinrichtungen im Iran, nun schon täglich, das Land steht unmittelbar vor dem Chaos. Und doch scheint hinter diesem Chaos politischer Wille zu stehen. Wie oft nach Revolutionen wird das Chaos als Mittel der Austragung zu Machtkämpfen benützt. Im Iran scheinen sich zwei größere Gruppen gegenüberzustehen. An der Spitze der einen stehen der jetzige Staatspräsident Banisadr und die Männer seiner Regierung. Sie sind zweifellos auch islamische Revolutionäre, aber sie alle haben jahrelang im Westen gelebt, und sie wissen, dass ein Staat, wenn er zur Normalität zurückkehrt, wiederum seine Gesetzlichkeit braucht, dass er vor allem eine funktionierende Wirtschaft braucht und dass er heutzutage auch normale Beziehungen zum Ausland braucht.

Hugo Portisch aus dem Studio über die Lage im Nahen Osten

Sie haben versucht, Wirtschaftsreformen durchzusetzen. Sie wollten die normalen Beziehungen wiederherstellen, indem sie die amerikanischen Geiseln freisetzen wollten. Aber jedes Mal, wenn sie dabei waren, die Ordnung wiederherzustellen, wurden sie gehindert, und zwar von den islamischen Fundamentalisten, von den Mullahs, von jenen Leuten, die dem Banisadr vorwerfen: Ihr seid eben Westler. Ihr versteht uns nicht. Das Volk muss zurück zu einer islamischen Ordnung, zu einem primitiveren Leben. Die Leute sollen aus den Städten heraus aufs Land ziehen und das Land wieder unter den Pflug nehmen. Sie haben Großprojekte eingestellt, haben die industrielle Produktion gedrosselt und haben vor allem die Ölproduktion durch einen sehr hohen Preis zurückgenommen. Statt fünf Millionen Fass am Tag liefert der Iran heute nur noch 800.000 Fass am Tag. Sie können sich vorstellen, welche Wirkung das auf die iranische Wirtschaft hat.

Nun, das Chaos ist da, die Arbeitslosigkeit steigt, die Inflationsrate ist sehr hoch. Die Leute denken gar nicht daran, aufs Land zu ziehen und ein primitiveres Leben anzugehen, sondern das Wirtschaftschaos tritt ein. Banisadr wird jetzt beschuldigt, dies alles verursacht zu haben, und mit ihm all seine Leute. Ajatollah Chomeini, noch immer die oberste Autorität im Iran, hat diese Regierung bereits beschuldigt, die Ziele der Revolution verraten zu haben. Er fordert von nun an eine aufrichtige islamische Regierung, einen neuen Ministerpräsidenten, der die Gesetze der Revolution befolgt. Es kann nicht mehr lange dauern, bis Banisadr und die Seinen entweder selbst zurücktreten oder zurückgetreten werden. Die Nachkommen werden höchstwahrscheinlich islamische Fundamentalisten sein, wahrscheinlich auch unter der Führung des Ajatollah Beheschti. Aber sie wissen ganz genau: Dieser Kampf ist noch nicht zu Ende. Den müssen sie erst gewinnen. Und es kann sein, dass in einem solchen Kampf beide Gruppen untergehen.

Dann gibt es sogenannte lachende Dritte, stärkere Kräfte, die sich wieder bemerkbar machen. Was wir jetzt erleben, ist offenbar die Ausschaltung dieser möglichen Dritten. Die Offiziere werden liquidiert. Jetzt geht es auch auf die Linksrevolutionären, die Tudeh-Partei, die Kommunistische Partei, deren Hauptquartier besetzt worden ist. Die Exilpolitiker werden ermordet. Kurz bevor Banisadr das Handtuch wirft oder zurückgetreten wird, soll reiner Tisch gemacht worden sein. Auch für solche, die unter Umständen nachkommen werden. Wenn Beheschti käme, hätte er wahrscheinlich keine ernstzunehmenden Gegner mehr. Würde das den Iran zurückwerfen ins totale Chaos? Nicht notwendigerweise. Beheschti selbst hat sechs Jahre lang im Westen gelebt, in Deutschland, in Hamburg. Und er versteht vielleicht sogar mehr von der Wirtschaft als Banisadr. Er weiß nur, dass nach einer Revolution die erste Garnitur meist keine Erfolge haben kann und verbraucht wird, die zweite Garnitur es leichter hat, indem die Gegner auf diese Art und Weise losgeworden sind und dass man dann von null her größere Erfolge erzielen kann.

Nur wenige Monate nach Portischs Beitrag zur Lage im Iran, am 22. September 1980, begann der damalige irakische Präsident Saddam Hussein mit seinem Angriff gegen den Iran den Ersten Golfkrieg (auch Iran-Irak-Krieg). Hussein sah den Iran durch die Revolutionswirren geschwächt und versuchte, die irakische Vormachtstellung in der Region zu gewinnen. Neben historisch-ideologischen Gründen für den Krieg (bereits die antiken Königreiche Mesopotamien im Gebiet des heutigen Irak und Persien waren miteinander verfeindet), spielte auch die Kontrolle über die ertragreichen Ölressourcen eine Rolle.

Der Krieg sollte bis 1988 andauern. Keine der beiden Seiten konnte den Sieg erringen, und sie einigten sich schließlich auf einen Waffenstillstand.

Weltweite Wirtschaftskrisen: Reaganomics und die Folgen

In den späten 1970ern kämpften viele Länder mit hoher Inflation, nicht zuletzt verursacht durch die Ölpreiskrisen von 1973 und 1979. Die steigenden Ölpreise führten zu hohen Produktionspreisen. Außerdem ging die hohe Inflation mit einem stagnierenden Wirtschaftswachstum einher. Hohe Zinssätze führten vor allem in Amerika zu einem Rückgang der Investitionen.

In den USA griff der frisch gewählte Präsident Ronald Reagan nun auf ungewöhnliche Maßnahmen zurück. Seine Politik setzte auf Deregulierung und Steuersenkung. Die unter dem Begriff »Reaganomics« bekannt gewordenen Maßnahmen setzten auf die Trickle-down-Theorie: Durch Steuersenkungen bliebe Unternehmen mehr Geld zum Investieren. Dies würde wiederum Arbeitsplätze schaffen, die Produktion steigern, den Gewinn ankurbeln und letztlich sogar zu mehr Steuereinnahmen führen. Einen ähnlichen Weg, Steuersenkungen für Unternehmer und Spitzenverdiener bei gleichzeitiger Kürzung von Sozialausgaben, fuhr die britische Premierministerin Margaret Thatcher (was als Thatcherismus bekannt wurde).

Zunächst sollte dies allerdings zusätzliche Unsicherheiten und Schwierigkeiten mit sich bringen. Wie sich diese Entwicklungen auf Europa auswirkt und mit welchen wirtschaftlichen Herausforderungen die Welt im Jahr 1981 zu kämpfen hatte, erläuterte Hugo Portisch.

Wirtschaftskrisen in Amerika und Europa

2. August 1981

Europa und die USA, meine Damen und Herren, sind an sich mit den gleichen wirtschaftlichen Problemen konfrontiert. Eine stagnierende, ja schrumpfende Wirtschaft, steigende Arbeitslosenziffern, eine immer noch sehr hohe Inflationsrate. Die Forderungen an die Staatshaushalte werden immer größer. Die wissen nicht mehr, woher sie das Geld nehmen sollen. Die Staaten verdienen auch jetzt viel weniger, und die Sozialausgaben werden höher. Das heißt, die Steuerbelastungen werden dementsprechend größer.

Präsident Reagan ist nun einen völlig neuen, unerprobten Weg gegangen, um mit diesen Problemen fertigzuwerden. Er holt sich nämlich das fehlende Geld nicht durch höhere Steuern, sondern im Gegenteil, er lässt diese Steuern nach, und zwar 25 Prozent Steuerermäßigung innerhalb der nächsten drei Jahre für alle amerikanischen Bürger und für alle Wirtschaftsunternehmungen. Gleichzeitig erhöht er aber auch die Rüstungsausgaben.

Da das Geld aber von irgendwo kommen muss, werden die Sozialausgaben drastisch gekürzt.

Die Überlegungen hinter dieser Politik sind, dass die Steuergelder, die sich die Bürger und die wirtschaftlichen Unternehmungen ersparen, wieder zurückgeführt werden in die Wirtschaft, durch Investitionen und durch Erhöhung der Kaufkraft; und dass das erhöhte Rüstungsbudget ebenfalls die Wirtschaft stark fördern wird, weil es viel Geld in die Wirtschaft fließen lassen wird und dass sich dadurch die Sozialprobleme von alleine lösen könnten.

Aber, meine Damen und Herren, Europa kann sich nicht leisten, diesen Weg zu gehen. Nur weil Amerika mit dieser Politik aber auch unter Umständen die Inflation anheizen könnte, haben die Amerikaner das übrige Geld im Lande verknappt. Es wird weniger Geld gedruckt und die Banken haben ihre Zinsen stark erhöht, auf über zwanzig Prozent. Das heißt, wer Kredite haben will, muss weit über zwanzig Prozent dafür zahlen. Das bedeutet aber, dass viele ausländische Geldanleger ihr Geld in US-Dollar umwechseln wollen, um in Amerika das Geld anzulegen, um in den Genuss der höheren Zinsen zu kommen. Das bedeutet, die übrigen Währungen werden geschwächt, der Dollar wird stärker, er kostet mehr. Alle großen Rechnungen in der Welt, besonders die Ölrechnungen, werden aber in Dollar beglichen. Das bedeutet, die europäischen Staaten müssen ihre hohen Ölrechnungen jetzt mit mehr eigenen Geldern bezahlen. Es wird alles viel teurer und wir kommen dann nicht zurande.

Den Weg Reagans kann Europa nicht gehen. Europa kann seine Sozialausgaben nicht drastisch kürzen. Das ist politisch viel zu gewagt. Das Beispiel England zeigt, wohin das führen kann. Es gab nur mehr Arbeitslose, nahezu drei Millionen, und Krawalle in den Städten. Frankreich hat sich schon dagegen entschieden, indem es Mitterand gewählt hat. Mitterand will ja mehr Staatsgelder in die Wirtschaft pumpen und diese Gelder durch erhöhte Steuern aufbringen.

Der deutsche Bundeskanzler Helmut Schmidt will nun einen vorsichtigen Mittelweg gehen: möglichst die Steuern nicht erhöhen, möglichst die Sozialausgaben nicht senken. Aber irgendwo muss auch Deutschland den Verdienstentgang und die höheren Ölrechnungen einbringen. Und das tut Schmidt, indem er zum ersten Mal seit vielen Jahren das deutsche Militärbudget aktiv kürzt. Die Amerikaner haben ihn dafür bereits kritisiert. Aber Schmidt hat geantwortet: Das kommt davon, wenn ihr eine solche Hochzinspolitik habt.

Das bedeutet also: Die Wirtschaften des Westens sind nicht nur nicht koordiniert zurzeit, sondern sie sind sogar auf Kollisionskurs, wenn die amerikanische Wirtschaft nicht sehr schnell aufholt und sich als Lokomotive erweist, die alle anderen Wirtschaften mitziehen kann. Wenn das nicht der Fall ist, wird es in nächster Zeit zunehmend zu politischen und wirtschaftlichen Spannungen innerhalb des Westens kommen.

Die Wirtschaftspolitik von Ronald Reagan stieß auf viel Kritik. So wurde ihm von Kritikern vorgeworfen, die Bestverdiener zu entlasten, während die einkommensschwächeren Bevölkerungsschichten durch gekürzte Sozialleistungen unter Druck gesetzt würden. Tatsächlich war die Staatsverschuldung der USA zu Ende von Reagans Amtszeit massiv gestiegen. Der spätere Präsident, Bill Clinton, erhöhte den Steuersatz wieder.

Teil VI

GUTEN ABEND, MEINE DAMEN UND HERREN

Jahresrückblicke & Jubiläen

Jubiläum der Vereinten Nationen

Die Vereinten Nationen, also der zwischenstaatliche Zusammenschluss von mittlerweile 193 Staaten, finden ihren Ursprung in den Haager Friedenskonferenzen und im Völkerbund. Der Völkerbund wurde nach dem Ersten Weltkrieg gegründet, mit dem Ziel, den Frieden auf der Welt zu sichern. Jedoch konnte er den Ausbruch des Zweiten Weltkriegs nicht verhindern.

Bereits während des Zweiten Weltkriegs entstand erneut der Ruf nach einer überstaatlichen Organisation zur Wahrung des Weltfriedens.

Die Deklaration der Vereinten Nationen wurde 1942 von 26 Staaten unterzeichnet, darunter die USA, Großbritannien, die Sowjetunion und die Republik China. Ihre Ziele waren neben dem Sieg über die Achsenmächte (das nationalsozialistische Deutschland, das faschistische Italien und Japan) auch die Etablierung eines weltweiten Friedens.

1945 wurden die Vereinten Nationen (United Nations, UN) ins Leben gerufen. Die damaligen Großmächte USA, Sowjetunion, China, Großbritannien und Frankreich sicherten sich ein Vetorecht für alle Beschlüsse des Sicherheitsrats, des mächtigsten Organs der UN.

Zu den Hauptaufgaben dieser Vereinten Nationen gehören vor allem die Wahrung des Weltfriedens, die Entwicklung freundschaftlicher Beziehungen zwischen den Staaten sowie eine internationale Zusammenarbeit und die gemeinsame Lösung globaler Probleme.

25 Jahre später berichtete Hugo Portisch im Zuge des Jubiläums über die Entwicklung und den Nutzen der UNO, ob und wie weit diese ihre Ziele einhalten konnte.

25 Jahre UNO
16. Dezember 1970

Das Jahr 1970, dessen Ende wir uns nun nähern, war ein großes Jubiläumsjahr. Viele Nationen haben in diesem Jahr verschiedener Ereignisse gedacht, wie fast in allen Jahren, die mit einer Null enden. Wir in Österreich haben auch gedacht, an unsere Befreiung 1945, dann 15 Jahre Staatsvertrag, 1955 bis 1970. Auch wir haben gefeiert. Viele andere Nationen haben ebenfalls dem Ende des letzten Weltkrieges gedacht. Kurz, viele Nationen hatten Grund zum Feiern, zum Gedenken. Aber alle Nationen haben einer großen Organisation gedacht, nämlich der UNO, der *United Nations Organization*, oder, wie wir sie nennen, der Vereinten Nationen.

Diese Vereinten Nationen sind ebenfalls am Kriegsende 1945 gegründet worden. Sie sind nun 25 Jahre alt.

Nun, viele Leute, die den Namen UNO hören oder Vereinte Nationen, stoßen nur einen Seufzer aus und sagen: »Mein Gott, wozu soll das gut sein?« Diese UNO besteht nun zwar schon seit 25 Jahren, aber sie hat den Krieg in der Welt nicht ausgemerzt. Es hat große Kriege seit 1945 gegeben, in Korea, am Suezkanal, im Nahen Osten, überhaupt im Kongo, in Zypern, in Südamerika. Es hat andere Aktionen gegeben, die die UNO eigentlich hätte verhindern sollen. Die ungarische Revolution ist niedergewalzt worden, die Tschechoslowakei ist besetzt worden. Wozu haben wir diese große Weltorganisation, die sehr viel Geld kostet, wo sehr viele Diplomaten und Politiker hingehen und sprechen und reden und reden und doch sehr wenig geschieht?

Nun, als man 1945 die UNO gründete, da hat man einen Mechanismus, der sie um ihre völlige Aktionsfreiheit bringt, mit eingebaut. Man hat die Großmächte, damals fünf Großmächte, die Amerikaner, die Sowjets, die Chinesen, die Engländer und die Franzosen, mit einem Vetorecht ausgestattet. Diese fünf Nationen konnten im Sicherheitsrat, also praktisch in jener Abteilung der UNO, die die Aktionen der UNO durchsetzen soll, jede Aktion der UNO verhindern, indem sie nur ihre Hand aufzuheben brauchten: »Wir sind dagegen.« Und hier müssen wir uns eben fragen: Was ist das für eine Organisation, die auf einer solchen Basis steht? Und viele Leute haben gemeint, es ist eben eine schlechte, eine schlecht konzipierte, eine schlecht durchdachte. Es ist eben keine Weltregierung. Aber da gibt es eine zweite Seite dazu.

Die Leute, die die UNO damals gründeten, die wussten schon: Sollten wir versuchen, eine Weltregierung zu schaffen, jetzt unmittelbar nach einem großen Weltkrieg, sollten wir versuchen, eine supranationale Organisation über die einzelnen nationalen Regierungen zu stellen und diese Regierungen von dieser Organisation abhängig machen – dann wird die UNO nicht lange leben. Kommt es zu einem Konflikt, der die Interessen der Großmächte berührt, dann werden diese Großmächte sagen: Wir folgen dieser UNO nicht. Wenn aber in den Statuten, in der Charta der UNO steht: Ihr habt zu folgen!, dann kann es ja nur eines geben: Entweder diese nationale Regierung unterwirft sich, was absolut nicht wahrscheinlich ist, oder diese nationale Regierung tritt aus der UNO aus. Und dafür hatte man ja bereits ein Beispiel. Denn schon nach dem Ersten Weltkrieg hat man so etwas gegründet wie die Vereinten Nationen, nämlich den Völkerbund.

Auch dieser Völkerbund sollte so etwas sein wie ein Weltparlament, eine Weltregierung. Auch dieser Völkerbund sollte dieselben Aufgaben erfüllen wie die UNO. Und als dieser Völkerbund seinerzeit Italien verurteilte, weil es Abessinien überfiel, da ist Italien einfach ausgetreten. Die Deutschen sind ausgetreten unter Hitler, weil Hitler eben ein anderes Konzept hatte. Er wollte andere Länder überfallen, er wollte sie dem Großdeutschen Reich eingliedern und konnte natürlich ein Veto, einen Befehl des Völkerbunds, nicht brauchen. Und so ist einer nach dem anderen einfach ausgetreten. Der Völkerbund war total ohnmächtig.

Um sich dieses Schicksal des Völkerbundes zu ersparen, hat man eben diese neue Konstruktion gewählt; eine Konstruktion, die den mächtigeren und mächtigen Staaten der Welt die Möglichkeit gibt, Aktionen der UNO einfach zu verbieten. Das ist ganz gewiss eine unerhörte Einschränkung der Machtvollkommenheit der UNO. Das bedeutet auch, dass diese UNO keine Weltregierung ist, sondern eben nur ein Forum, in dem alle Völker zusammentreffen, ihre Probleme diskutieren, insbesondere die Weltprobleme kritisieren, und wo man versuchen muss, einen Ausgleich zu finden, einen Kompromiss zu finden. Einen Kompromiss, der für alle tragbar ist, und für alle tragbar heißt natürlich, dass man unter Umständen keine sehr schönen Lösungen finden kann und es, wie die Vergangenheit gezeigt hat, hieß auch, dass man manchmal überhaupt keine Lösungen fand.

Nun müssen wir fragen: und Österreich? Welchen Platz nimmt nun Österreich ein? Nun, ich habe schon erwähnt: Österreich ist im Gegensatz etwa zur neutralen Schweiz beigetreten zur UNO. Die Neutralität verbietet einen solchen Beitritt nicht. Und es hat sich gezeigt, dass im Gegenteil die neutralen Staaten in der UNO viel mehr sagen können. Sie können sich immer wieder entweder als Schiedsrichter anbieten oder als Vermittler anbieten. Sie können immer wieder für einen Ausgleich der Interessensgegensätze in der UNO sorgen. Und diese diplomatische Aktivität Österreichs bei der UNO ist honoriert worden. Man hat gesehen: Dieser kleine Staat arbeitet aktiv mit, ist am Weltfrieden interessiert, zeigt sich ungemein zivilisiert, ist friedliebend, will den Frieden bewahren, tut auch etwas für diesen Frieden. Und das wurde honoriert; honoriert, indem man zwei UNO-Organisationen nach Wien geschickt hat, und honoriert, indem man Wien als

Verhandlungsort, als Treffpunkt für internationale Treffen anerkannt hat.

Wir können nun sagen: Was haben wir schon davon? Unter Umständen ist das, was diese Organisationen an Geld, an Ansehen bringen, nicht einmal so viel wert, als wir für diese Organisationen auch als Gastgeber zahlen müssen, oder was wir ihnen geben. Nun, wenn wir etwa, um ein Beispiel zu verwenden, 1938 solche Organisationen, eine so mächtige Organisation im eigenen Land gehabt hätten, wenn wir damals so aktiv gewesen wären auf internationalem Gebiet, wenn wir unseren Friedenswillen, unsere Friedfertigkeit, unsere Art zu denken, unsere Politik der ganzen Welt offenbart hätten auf einer Plattform, wie sie heute die UNO ist, dann wäre es vielleicht nicht so leicht gegangen, die Unabhängigkeit dieses Landes zu beenden. Und heute ist die Tatsache, dass wir zwei Organisationen im eigenen Land haben, doch eine gewisse Garantie auch für unsere Sicherheit. Denn jeder, der uns an den Kragen will, jeder, der hier einmarschieren will, jeder, der unsere Art zu leben und unsere Regierung beseitigen will, der marschiert in ein Land ein, wo 110 Nationen vertreten sind, mit 110 Beobachtern, die sofort melden. Er marschiert auch in ein Land ein, das der ganzen Welt schon bekannt ist durch seine Aktivität bei der UNO. Wir schützen uns also auch selbst. Wir haben auch allen Grund, die Aufmerksamkeit dieser UNO immer wieder auf uns zu lenken, dort aktiv mitzuarbeiten. Denn letzten Endes: Wer wird uns im Falle der Not beistehen? Nun könnte man sagen: Im Falle äußerster Not wird die UNO vielleicht auch im Fall Österreich versagen. Vielleicht. Aber sie hat gezeigt, dass sie in vielen Fällen auch funktioniert hat. Jedenfalls macht sie es etwaigen Aggressoren viel, viel schwerer, über kleine Länder herzufallen, als das früher einmal der Fall war.

Auf Wiederhören und auf Wiedersehen.

Im Jahr 2025 feiert die UNO ihr achtzigjähriges Jubiläum. Die bereits von Hugo Portisch erwähnte Kritik ist nicht leiser geworden. In der Klärung des Angriffskriegs Russlands gegen die Ukraine und im Krieg zwischen Israel und der Hamas scheint die UNO machtlos. Auch vergangene Versuche, Frieden zu sichern, scheiterten. Ein drastisches Beispiel ist der Völkermord in Ruanda im Jahr 1994. Innerhalb kürzester Zeit starben 800.000 Menschen der Minderheit der Tutsi.

Allerdings hat die UNO auch Erfolge zu verzeichnen. Sie hat in Kriegen bereits erfolgreich vermittelt und Konflikte gelöst. Beispielsweise konnte die UNO den Unabhängigkeitsprozess Namibias von Südafrika begleiten und die dort herrschenden Kämpfe beenden. Außerdem erreichte die UNO die Friedenssicherung in Osttimor. In dem früher von Indonesien annektierten Land konnten fünf UNO-Einsätze zur Unabhängigkeit des Landes beitragen. Auch in Liberia stabilisierte die UNO ein von Bürgerkriegen zertrümmertes Land. Außerdem hat die UNO ihren Beitrag dazu geleistet, dass viele Konflikte, wie etwa die Kuba-Krise, nie in einen Krieg ausgeartet sind.

Jahresrückblick 1979: Ein Friedensplädoyer

Gegen Ende der 1950er Jahre mussten die USA zum ersten Mal größere Mengen Erdöl aus dem Ausland importieren. Erdöl war der Treibstoff der Wirtschaft, und die USA hatten bis zu diesem Zeitpunkt aus den eigenen Vorkommen geschöpft sowie ihre Vorräte nach Westeuropa exportiert. Dies begann sich zu ändern, als Staaten im Nahen Osten (allen voran Iran, Irak, Kuwait und Saudi-Arabien) im großen Stil mit der Schöpfung und dem Export von Erdöl begannen. Das Öl aus dem Nahen Osten war viel billiger als jenes aus den USA.

Gleichzeitig erhöhte sich dadurch die Abhängigkeit des Westens von dieser Region. Kriege im Nahen Osten bekamen plötzlich eine globale Dimension. Der Jom-Kippur-Krieg zwischen Israel auf der einen und Ägypten und Syrien auf der anderen Seite führten zur ersten Ölpreiskrise 1973. Die Folgen waren auch in Österreich spürbar: So kam es zu den autofreien Tagen und es wurde sogar eine Ferienwoche eingeführt, um Heizöl zu sparen (die Energieferien, die bis heute geblieben sind).

1979 kam es zur nächsten Ölpreiskrise, diesmal ausgelöst durch die Unruhen nach der Islamischen Revolution im Iran (siehe Seite 204). Wieder stiegen die Ölpreise rasant an, was Auswirkungen auf die gesamte Weltwirtschaft hatte.

Im gleichen Jahr kam es zum NATO-Doppelbeschluss, in dem Westeuropa die Bereitstellung von Mittelstreckenraketen mit atomaren Sprengkörpern beschloss, die im Fall eines Konflikts gegen die Sowjetunion einsatzbereit wären. Dies führte zu steigenden Spannungen zwischen Ost und West. Hugo Portisch berichtete vom Ende eines turbulenten Jahres und blickte voraus ins Jahr 1980, das für den Frieden der Welt entscheidend sein würde.

Abrüstung und Friedensplädoyer

Ende Dezember 1979

Meine Damen und Herren, die Großen dieser Welt haben ihre Weihnachtsansprachen gehalten, und alle diese Reden hatten ein gemeinsames Kennzeichen. Selten noch war die Sorge um die Erhaltung des Weltfriedens so groß. Selten noch waren die Zweifel am wirtschaftlichen Wohlergehen der Menschheit so stark. Und doch, alle waren sich darüber im Klaren: Selbst mit den Konflikten dieser Welt wird man fertig werden können: mit der islamischen Revolution, mit dem Ölpreis, selbst mit der Wirtschaftskrise, wenn eine Sache erhalten bleibt: der zentrale Friede, der Friede zwischen den beiden Supermächten, der Friede zwischen Ost und West, der Friede vor allem in Europa.

Dass dieser Friede keine Selbstverständlichkeit ist, auch daran wurden wir erinnert zu diesem Weihnachten. Die Erinnerung kam aus dem Munde des sowjetischen Außenministers Gromyko, der für den sowjetischen Staatspräsidenten Breschnew sprach und eine ganz scharfe Warnung an die NATO-Staaten gerichtet hat: Sie mögen ihren Beschluss, Raketen aufzustellen, Mittelstreckenraketen mit der Zielrichtung gegen die Sowjetunion, nicht durchführen, ansonsten gäbe es überhaupt keine Gesprächsbasis mehr zwischen Ost und West. Dann würde man in eine Rüstungsspirale gehen. Die Sowjetunion würde nie dulden, dass sie rüstungsmäßig dem Westen unterlegen bliebe. Das waren harte Worte. Und wir wurden durch diese harten Worte daran erinnert, dass die Entspannungspolitik, an die wir so gewöhnt sind und die nun schon den Frieden in Europa für mehr als dreißig Jahre garantiert, dass diese Entspannungspolitik nur das Produkt des Rüstungsgleichgewichts ist.

Nur solange dieses Gleichgewicht in den beiden Rüstungen herrscht, so lange können wir mit einer fortgesetzten Entspannung rechnen. Und gerade dieses Gleichgewicht scheint jetzt aus der Balance zu kommen. Das Jahr 1980 wird sehr entscheidend werden dafür, ob man auf beiden Seiten dieses Gleichgewicht überhaupt wiederherstellen kann oder eine neue Vertrauensbasis gewinnt.

Nun, man möchte annehmen, dass so ein Gleichgewicht leicht zu errechnen ist. Soldat gegen Soldat, Panzer gegen Panzer, Atombombe gegen Atombombe. Aber so ist es nicht, denn die beiden Lager, der Westen und der Osten, gehen von zwei total verschiedenen geopolitischen Situationen aus. Wenn man General wäre in der Sowjetunion, dann sieht man sich eigentlich von einer Welt von Feinden umgeben. Im Westen hochindustrialisierte Europäer, dahinter, sogar durch einen Ozean geschützt, noch höher industrialisierte Amerikaner mit noch mehr Wirtschafts- und Militärpotenz, und im Fernen Osten das volkreichste Land der Erde, China, und dahinter, wieder durch einen Ozean geschützt, Japan. Das sind alles mögliche potenzielle Feinde der Sowjetunion.

Und dazu kommt noch innerhalb des sowjetischen Herrschaftsbereichs die Möglichkeit des Aufstandes, wie es ja 1956 in Ungarn, später auch ein bisschen in Polen und in der DDR schon der Fall gewesen ist. Das heißt, ein sowjetischer General müsste sich eigentlich sagen: Will ich die Sicherheit meines Bereichs erhalten, dann muss ich für zweieinhalb Kriege gerüstet sein, einen im Westen, einen im Fernen Osten und einen halben noch im eigenen Bereich. Und da, wenn es zum Kriege käme, müsste ich mit einer Front sehr schnell fertig werden. Und die einzige Front, die sich für schnell fertig werden anbietet, wäre Westeuropa. Westeuropa rasch überrollen. Daher sehen wir seit vielen, vielen Jahren den ungeheuer starken Rüstungsaufbau der Sowjetunion in Zentraleuropa. Viel mehr Truppen, viel mehr Panzer als die westlichen Staaten und auch mehr Raketen, die gegen Westeuropa gerichtet sind. Jetzt hat die Sowjetunion eben begonnen, diese Raketen noch wesentlich zu verstärken und hinter diesen Raketen sogar noch modernste Bomberflotten aufzubauen.

Nun, gerade deshalb sagt sich Westeuropa: So geht es nicht weiter, weil wir sehen das von einem ganz anderen Standpunkt. Westeuropa an sich ist allein überhaupt nicht in der Lage, sich gegenüber dieser russischen Dampfwalze, wenn sie einmal ins Rollen käme, zu verteidigen. Die Sicherheit Westeuropas liegt darin, dass es hinhaltend verteidigen kann, bis die Amerikaner da sind und vor allem, bis die Amerikaner ihre strategischen Waffen in Anwendung bringen können, also ihre Interkontinentalraketen. Nun haben aber die Sowjets und die Amerikaner auf dem Gebiet der Interkontinentalraketen eine Parität erreicht, ein Rüstungsgleichgewicht, und das lässt Europa nun eigentlich mit seinen eigenen Waffen zurück. Wenn die Sowjetunion stark modernisiert, so glaubt Europa, muss es etwas dagegenhalten. Denn selbst ohne Krieg würde eine übergerüstete Sowjetunion in Zentraleuropa politisch ihren Willen durchsetzen können. Daher der NATO-Beschluss, selbst Mittelstreckenraketen aufzustellen. Zum ersten Mal mit einer Reichweite in die Sowjetunion.

Aber das bedeutet natürlich umgekehrt von der Sowjetunion her gesehen eine starke Störung dieses sowjetischen Konzepts, dieses Verteidigungskonzepts. Denn wenn die Europäer nun allein in sowjetisches Territorium hineinschießen können, dann ist von der russischen Dampfwalze unter Umständen bald nicht mehr so viel da. Das Übergewicht der Sowjetunion in Europa schmilzt dahin. Aber ohne dieses Übergewicht fühlt sich dieser Generalstab global gesehen nicht mehr sicher. Daher das allergische Reagieren der Sowjetunion auf diesen NATO-Beschluss.

Nun, die NATO sieht das ein. Sie weiß, dass das sowjetische Konzept durch diesen Beschluss der NATO gestört wird, und sie meint, man könnte sich dieses Aufschaukeln durch entsprechende Verhandlungen ersparen. Denn die NATO hat ja noch diese Raketen nicht in Stellung gebracht. Und so meint die NATO, wir können diese Spirale in der Rüstung nicht weiter riskieren, dass man sozusagen mit Drohung und Gegendrohung weiteroperiert. Nur dann gäbe es dieses Gleichgewicht. Nur dann könnte die Entspannung sichergestellt werden.

Wie wäre es, wenn wir Sparte für Sparte so weit reduzieren, dass keine dieser Truppenstärken mehr in der Lage ist, einen Krieg zu gewinnen? Also wenn die Raketenzahlen nicht mehr ausreichen, die Ziele zu erreichen, die man braucht, um einen Krieg zu gewinnen? Wenn die Truppenstärken nicht mehr stark genug sind, um einen Krieg gewinnen zu können?

Und daher schlägt die NATO vor: erstens, ein SALT-III-Abkommen, also wiederum strategische Rüstungsbegrenzung, aber diesmal Mittelstreckenraketen und Mittelstreckenbomber miteingeschlossen. Eine Parität, aber nicht unbedingt eins zu eins, sondern so, dass sie beiden Konzepten entgegenkommt. Dazu aber auch starker Abbau der Truppen in Zentraleuropa, dass sie allein nicht mehr kriegsentscheidend sein können. Und dazu vertrauensbildende Maßnahmen größerer Natur, also Fortsetzung der Sicherheitskonferenz, die in Helsinki begonnen hat.

Gromyko sagt: Wir verhandeln mit euch überhaupt nicht mehr, wenn ihr die Raketen aufstellt. Aber das ist ja nur ein Einrennen einer schon offenen Tür, denn die NATO hat ja die Raketen noch nicht aufgestellt. Das heißt, solange sie nicht stehen, kann man verhandeln. Und wie wäre es, auf diesen drei Ebenen zu verhandeln? Jedenfalls setzt die NATO große Hoffnung. Und dass der Osten nicht gar so streng und strikt vorgeht, das geht aus der Tatsache hervor, dass der deutsche Bundeskanzler Schmidt etwa schon eingeladen ist zum Staatsbesuch nach Moskau, zum Staatsbesuch sogar nach Ostberlin und dass der ostdeutsche Parteichef Honecker eingeladen ist in die Bundesrepublik. Schließlich und endlich macht man solche Einladungen nicht, man trifft einander nicht, wenn man nicht mehr miteinander reden will. Und da ist doch sehr viel Hoffnung, auch in dieser Besuchsdiplomatie, die sich bereits ankündigt.

Jahresrückblick 1993: Hoffnung in der Krise

Das Jahr 1993 war von vielen verschiedenen weltpolitischen Krisen geprägt. Der Bosnienkrieg war gerade in vollem Gange. Der komplexe ethnisch-religiöse Konflikt zwischen bosnischen Muslimen, orthodoxen Serben und katholischen Kroaten, der nach dem Zerfall Jugoslawiens entbrannte, stellte das Europa der 1990er Jahre vor enorme Herausforderungen.

Währenddessen eskalierte im Herbst 1993 die Lage in Russland. Nachdem der russische Präsident Boris Jelzin dem Parlament einen neuen Verfassungsentwurf vorlegte und dieses die Umsetzung ablehnte, löste Jelzin das Parlament auf. Gewaltsame Zusammenstöße in Moskau waren die Folge. Der Konflikt führte letztendlich zu einer neuen Verfassung, der Einfluss des Parlaments wurde fortan eingeschränkt, der Präsident erhielt mehr Macht.

Auch Georgien befand sich 1993 in einer instabilen Situation. Einerseits tobte ein Machtkampf zwischen der Regierung von Eduard Schewardnadse und Anhängern des zuvor gestürzten Präsidenten Swiad Gamsachurdia. Ein Bürgerkrieg entbrannte, der das Land zerrüttete. Auf der anderen Seite kämpften zeitgleich georgische Truppen gegen abchasische Separatisten, die von Russland unterstützt wurden. Im Jahr 1993 verloren die Georgier diesen Krieg, Abchasien wurde für unabhängig erklärt.

Aserbaidschan und Armenien befanden sich ebenfalls in einer kritischen Lage. Armenische Truppen eroberten Bergkarabach und umliegende Gebiete Aserbaidschans, was zu einer humanitären Krise und einer massiven Flüchtlingsbewegung führte. Gleichzeitig erlebten beide Länder innenpolitische Instabilität. Internationale Bemühungen zu schlichten, blieben erfolglos.

Kriege, politische und wirtschaftliche Hindernisse prägten dieses Jahr; doch nicht alles war schlecht. Hugo Portisch blickte zum Jahresende auf die bedeutendsten Ereignisse zurück:

Kommentar zum Jahr 1993

30. Dezember 1993

Das Jahr 1993 war ein Jahr der Krisen und der Kriege. In Bosnien nahmen die Kämpfe an Heftigkeit zu. Die Bevölkerung musste noch mehr an Leid und an Elend ertragen. In Russland probten die Jelzin-Gegner den Aufstand, und der konnte nur noch mit Waffengewalt niedergeschlagen werden. Krieg gab es in Georgien, Krieg auch zwischen Aserbaidschan und Armenien. Im Nahen Osten intensivierten die Extremisten ihren Widerstand in den israelisch besetzten Gebieten. In Somalia erlitten die

UNO-Truppen eine große Schlappe. Lähmung gab es auch in der Weltwirtschaft, viele Betriebe mussten schließen, die Arbeitslosigkeit stieg überall in der Welt an. Es war kein gutes Jahr in der Weltpolitik. Es war auch kein gutes Jahr für die Weltwirtschaft.

»Mr. Zeit im Bild« Horst Friedrich Mayer befragt Hugo Portisch zum Weltgeschehen des Jahres 1993

Und doch schließt dieses Jahr etwas besser, als es begonnen hatte. Wir können die Probe aufs Exempel machen. In Russland ist es Jelzin doch gelungen, seine neue Verfassung durchzusetzen. Und im neuen russischen Parlament sind die Kräfteverhältnisse nicht so katastrophal, wie dies ursprünglich ausgesehen hat. Die Kriege im Kaukasus ebnen ab. Im Nahen Osten geschah überhaupt das Unglaubliche: der Handschlag zwischen den Israelis und PLO-Chef Arafat [*die Palästinensische Befreiungsorganisation ist eine Dachorganisation verschiedener Gruppen, die die palästinensische Bevölkerung repräsentieren; ihr Vorsitzender zu dieser Zeit war Jassir Arafat*].

Damit ist ein großes Hindernis auf dem Weg zum Frieden überwunden, auch wenn es auf diesem Weg zweifellos noch viele Rückschläge geben wird. In Somalia scheint die Befriedung nun doch zu gelingen. In Südafrika hat man das Apartheidregime überwunden.

Wenig Anlass zur Zuversicht allerdings bietet die Lage auf dem Balkan, in Bosnien. Und doch muss man sich auch da fragen, um wie viel schlimmer es noch werden kann, ehe auch bei den Serben die Kriegsmüdigkeit eintritt. Die jüngste Wahl in Serbien hat jedenfalls gezeigt, dass die Geduld der serbischen Bevölkerung mit [*Präsident Slobodan*] Milošević offenbar auch langsam zu Ende geht.

So hat das Jahr schlimm begonnen. In der Mitte des Jahres erreichten die Krisen und die Kriege ihren Höhepunkt. Aber nun scheint 1993 doch besser auszuklingen, als man ursprünglich befürchten musste, insbesondere was die Weltwirtschaft betrifft. Da ist es wirklich in letzter Minute doch noch gelungen, das große Welthandelsabkommen über die Senkung der Zölle und Tarife des GATT-Abkommens unter Dach und Fach zu bringen. Und das sollte schon für einen kräftigen Impuls zur Überwindung der internationalen Wirtschaftskrise sorgen.

Alles in allem ist das noch kein Grund zum Jubeln. Aber es sind doch Gründe, am Ende dieses Jahres etwas aufzuatmen. Und dem nächsten Jahr 1994 mit mehr Zuversicht entgegenzusehen.

Mit dem GATT-Abkommen (Allgemeines Zoll- und Handelsabkommen) von 1993 gelang in diesem Jahr ein Meilenstein in der globalen Handelsgeschichte. Daraus entstand zum einen die Gründung der Welthandelsorganisation (WTO), zum anderen brachte das Abkommen eine Reduzierung von Zöllen und Handelsschranken, die Einführung von Regeln für den Dienstleistungssektor sowie den Schutz geistigen Eigentums mit sich. Das Abkommen bildete die Grundlage für einen freien globalen Handel.

Die anderen weltpolitischen Krisen des Jahres 1993 blieben zum Zeitpunkt von Portischs Rückblicks weitgehend ungelöst. Und auch heute scheinen viele dieser Konflikte kein Ende gefunden zu haben.

Nach dem Angriffskrieg auf die Ukraine 2022 ist Russland vollends in den Autoritarismus gekippt. Auch in Georgien gibt es weiterhin politische Unruhen, die Spannungen mit Russland wurden in den vergangenen Jahren größer.

Auch die aktuelle Lage in Bergkarabach ist angespannt. Erst im September 2023 führte eine militärische Offensive Aserbaidschan zur faktischen Auflösung der abtrünnigen Republik Bergkarabach. Die humanitäre Lage in dieser Region ist kritisch. Das Verhältnis zwischen Armenien und Aserbaidschan ist weiter belastet und die geopolitische Lage im Südkaukasus instabil.

Wir sehen also, die Krisenherde aus den 1990er Jahren, ja selbst rückblickend jene aus den 1960er und 1970er

Jahren, die hier weitgehend behandelt und aufgezeigt wurden, bestehen noch heute. Die von Hugo Portisch berichteten und analysierten Konflikte sind auch fünfzig Jahre später noch präsent.

Doch bei all den Konfliktherden gilt es in der Analyse der Situation die Eigenschaften zu bewahren, die Hugo Portisch auszeichneten: hellsichtig und nüchtern, doch stets optimistisch und friedensstrebend.

Hugo Portisch blickt nach seinem Jahresrückblick 1993 gespannt der Zukunft entgegen

Zukunft aus der Vergangenheit
Aktuelles aus dem Archiv

Nachwort von Herbert Hayduck

Mit diesem Buch wird ein besonderer Schatz aus dem ORF-Archiv gehoben – die damals brandaktuellen Kommentare zum Zeitgeschehen von Hugo Portisch aus den 1960er, 70er und 80er Jahren. Eine Sammlung an zeitgeschichtlichen Filmdokumenten, die seit ihrer Entstehungszeit nur in einzelnen Ausschnitten in ORF-Sendungen Verwendung fanden und die in diesem Buch erstmals umfassend veröffentlicht werden. Mehrere Aspekte machen diese Sammlung einzigartig:

Wir können in diesen Kommentaren Hugo Portisch direkt und unmittelbar in seiner journalistischen Tätigkeit als Chefkommentator des ORF erleben, seinen Stil und sein professionelles Handwerk aus der Nähe studieren. Hugo Portisch agiert bei diesen Kommentaren allein, er sitzt entweder im *Zeit-im-Bild*-Studio und kommentiert live die Weltpolitik, oder er befindet sich direkt an den Schauplätzen des Geschehens. Diese Nähe zu den aktuellen Ereignissen ist eine Weltneuheit, eine Ableitung des »direct cinema« für die aktuelle Berichterstattung; wir sehen diese Direktheit in den hier im Buch wiedergegebenen Bildern und spüren sie auch beim Lesen der abgedruckten Kommentare. Hugo Portisch steht inmitten des Treibens und berichtet aus Menschenmengen – vom Prager Wenzelsplatz, aus der Pariser Innenstadt oder von den Straßen des kleinen französischen Dorfes, in dem Frankreichs langjähriger Präsident General Charles de Gaulle lebte. Er nahm keine Rücksicht auf seine Person, er wollte das Weltgeschehen in die Wohnzimmer der österreichischen Haushalte bringen und dafür hautnah mit dabei sein. Und damit prägte er einen völlig neuen Arbeitsstil im ORF, im Rahmen der Informationsoffensive, die der 1967 neubestellte ORF-Generalintendant Gerd Bacher ausgerufen hatte.

Hugo Portisch tritt in seinen Kommentaren auch unmittelbar in Kontakt mit dem Fernseh-Publikum – er spricht die Zuseherinnen und Zuseher direkt an und geht gleichsam in den Dialog. Er spricht lebendig, den aufmerksamen Blick in die Kamera gerichtet, unterstützt von seiner charakteristischen Gestik – so wurde er für ganze Publikumsgenerationen zur Nachrichten-Legende.

Ein weiterer historischer Reiz dieser Kommentare liegt in dem sehr bewegten weltpolitischen Zeitraum der 1960er und 1970er Jahre, die thematisiert werden und die aus der historischen Distanz oft frappierend neue Aktualität in der Gegenwart bekommen. Portisch spricht über den Warschauer Pakt, die Studentenbewegung in Paris, über die erste Mondlandung und den Vietnamkrieg, einen der vielen Stellvertreterkriege der beiden damaligen Supermächte USA und UdSSR. Der Ost-West-Konflikt spiegelt sich als globales Hintergrund-Thema in vielen der Kommentare. Sein Spezialthema, die Weltpolitik und ihre globalen Zusammenhänge, konnte Hugo Portisch an sein Publikum so vermitteln, dass Verständnis für die Komplexität des Geschehens und für Handlungsmöglichkeiten entstehen konnte. Mit seiner charakteristischen Lebendigkeit berichtet und kommentiert er, egal ob aus dem Studio oder direkt vom Ort des Geschehens.

Was die Kommentare unverwechselbar macht, ist Hugo Portischs Erzählkunst und Passion für die journalistische Aufgabe. Er war ein besessener Berichterstatter. Es ist nachweisbar, dass er an manchen Tagen rund um die Uhr unterwegs war und innerhalb von 24 Stunden aus drei verschiedenen europäischen Hauptstädten berichtete. Er sprach beispielswiese in der Früh einen Kommentar in Paris ein, eilte hektisch zum Flughafen und flog nach Prag, wo er einen weiteren Kommentar aufnahm, dann ging es weiter nach Budapest oder Warschau, um einen dritten Kommentar einzusprechen. Solche Tage waren nicht selten, die Archivbestände, die wir im Zuge dieses Projekts durchforstet haben, beweisen seine Reisetätigkeit. Er tauchte immer dort auf, wo es etwas zu berichten gab.

Die Filmrollen galt es schnellstmöglich nach Wien zu bringen, um Hugo Portischs tagesaktuellen Kommentar zum Weltgeschehen im Idealfall noch am selben Tag in der *Zeit im Bild* zeigen zu können. Per Blitzkurier und Expressflug gelangten die aktuellen Materialien so noch am gleichen Abend nach Wien. Die technischen Umstände waren kompliziert, aber Hugo Portisch fand immer einen

Weg; es galt, keine Zeit zu verlieren. Die Welt und ihre Politik schliefen nicht, also durfte es Hugo Portisch genauso wenig. Seine Moderationstexte diktierte er druckreif, besonders belastbare Assistentinnen waren wichtige Mitarbeiterinnen und hielten seinen Redefluss mit unglaublichem Schreibtempo fest – in der Welt des analogen Journalismus, auf mechanischen Schreibmaschinen. Die druckreifen Ergebnisse können in diesem Buch nacherlebt werden.

Doch Hugo Portisch war nicht nur Journalist, Geschichtenerzähler der Nation, interessierter Chronist und Weichensteller des unabhängigen Rundfunks, ihm haben wir auch die Entstehung des modernen ORF-Archivs zu verdanken, ohne dessen Existenz wir dieses Buch gar nicht hätten produzieren können.

Hugo Portisch und das Archiv

Das Archiv des ORF war vor seiner radikalen Modernisierung und Vergrößerung in den 1980er Jahren eine Art Depot, eine Ablage für die Programmbestände des ORF. Wir können es uns als Lager vorstellen, in dem Kassetten, Filmrollen und Video-Magnetbänder aufbewahrt wurden. Das gesamte Programm, von Spielfilmen über Dokumentationen, Kindersendungen, Sportübertragungen und vieles mehr wurde in diesem Depot gesammelt. Geordnet und erschlossen wurden die Bestände mithilfe einer »Zettel-Kartei«, einer analogen Suchhilfe, wie man sie aus dem klassischen Bibliotheksbetrieb kennt. In einer Titelkartei wurden alle Programme nach ihrem Sendungstitel alphabetisch geordnet, nur die aktuellen Nachrichtenbeiträge wurden darüber hinaus mit Schlagworten wie Personennamen, Örtlichkeiten und Sachbegriffen inhaltlich erschlossen - ebenso auf alphabetisch sortierten Karteikarten.

Das Fernsehen wurde in Österreich im Jahr 1955 gegründet, dennoch finden wir in unserem Archiv erst ab den frühen 1960er Jahren größere Bestände an Aufzeichnungen. Der Grund dafür ist in der technischen Entwicklung zu finden – in den ersten Jahren des Fernsehens gab es keine technische Aufzeichnungsmöglichkeit für das neue elektronische Medium. Fernsehen war bis in die frühen 1960er Jahre in erster Linie ein Live-Phänomen. Die *Zeit-im-Bild*-Nachrichten, aber auch Shows und Unterhaltungssendungen wurden live abgewickelt und gesendet, konnten nicht aufgenommen und daher auch nicht systematisch archiviert und gespeichert werden. Ausnahmen bildeten nur Berichte und Produktionen, die in klassischer Filmtechnik, ähnlich Kinofilmen, vor der Ausstrahlung vorproduziert und dann gesendet wurden. Diese raren Teile aus der Frühzeit des Fernsehens sind als wertvolle Einzelstücke im ORF-Archiv vorhanden und bilden die Überlieferung der frühen Jahre des Mediums. Erst ab den frühen 1960er Jahren werden diese Überlieferungen immer zahlreicher, und ab den 1980er Jahren ist die gesamte Sendefläche des ORF-Fernsehens vollständig archiviert und jederzeit verfügbar.

Dieses neue Bewusstsein für die langfristige Bedeutung von Archivinhalten ist unmittelbar in Zusammenhang mit der Person Hugo Portisch und seiner Hinwendung zur historischen Fernsehdokumentation in den achtziger Jahren zu sehen. Auch die Existenz des einmaligen Bestandes an aktuellen Fernseh-Kommentaren von Hugo Portisch, der in diesem Buch erstmalig zur Gänze publiziert wird, ist diesem neuen Archiv-Bewusstsein zu verdanken.

»Österreich II« – ein wichtiger Impuls zur Geschichtsaufarbeitung

1982 fiel der Startschuss für die legendären historischen Sendereihen von Hugo Portisch im ORF-Fernsehen, beginnend mit der 24-teiligen Serie *Österreich II*, deren Titel symbolisch für die Geschichte der Zweiten Republik nach Ende des Zweiten Weltkriegs steht. Initiiert vom damaligen ORF-Generalintendanten Gerd Bacher sollte von Hugo Portisch und seinem Team Geschichte im Fernsehen geschrieben werden – das Ergebnis schrieb dann auch selbst Fernsehgeschichte. Aus seiner Position als hochanerkannter Journalist und Chefkommentator des ORF, wandte sich Hugo Portisch damit einer sensiblen Aufgabe zu: der detaillierten Darstellung und Analyse der österreichischen Zeitgeschichte mit ihren zahlreichen Konfliktfeldern und zu diesem Zeitpunkt nicht aufgearbeiteten blinden Flecken. Wir müssen uns kurz in die damalige Zeit versetzen, um die Bedeutung dieser Produktion zu verstehen. Die Ausstrahlung der Sendereihen *Österreich II* und *Österreich I* begann 1982, vier Jahre bevor 1986 die sogenannte »Affäre Waldheim∑ die Mängel in der öffentlichen Aufarbeitung der Zeitgeschichte Österreichs auch auf politischer und gesellschaftlicher Ebene offensichtlich werden ließ. Hugo Portisch und sein Team schufen mit ihren Produktionen eine wesentliche Basis für die faktische und psychologische Aufarbeitung der Zeitgeschichte Österreichs in der Öffentlichkeit. In den Familien wurden die zur besten Sendezeit ausgestrahlten Dokumentationen zum Diskussionsthema über die Generationen hinweg; in einer Zeit, in der neben Zeitungen das klassische lineare Radio und Fernsehen die zentralen und oft einzigen Informationsmedien für die gesamte Bevölkerung darstellten – lange vor Internet, Social Media und anderen interaktiven Medien. Die Generation der Zeitzeuginnen und Zeitzeugen wurde von ihren Kindern und Enkeln befragt über ihre Erlebnisse und ihre Rolle vor, während und nach dem Zweiten Weltkrieg. Der Mythos von der ausschließlichen Opferrolle Österreichs während der Zeit des Nationalsozialismus wurde brüchig, auch die Täterrolle von Österreichern rückte erstmals in ein breites Bewusstsein. Kriegsteilnehmer, Akteure, Täter, Mitläufer und Opfer, Menschen, die den Krieg hautnah erlebt und oft wohl auch verdrängt hatten, wurden mit den historischen Tatsachen konfrontiert.

Geschichte schreiben –
mit Bildern und Tönen

Die Werkzeuge für diese aufsehenerregende neue Aufarbeitung der österreichischen Kriegs- und Nachkriegsgeschichte waren einerseits der unumstrittene journalistische Ruf von Hugo Portisch und andererseits die breite Verwendung von authentischen historischen Film-, Foto- und Tondokumenten als Quellenbelege zur detaillierten Darstellung der geschichtlichen Ereignisse. Hugo Portisch hielt in seinen Fernsehdokumentationen dem Land mithilfe von Bildern und Tönen aus der Vergangenheit im wahrsten Sinne des Wortes einen Spiegel vor.

Bereits in den ersten Vorbereitungsphasen für die Großproduktion wurde klar, dass die im ORF und ganz Österreich in den Archiven vorhandenen historischen Filmbestände für die inhaltlichen Ansprüche von *Österreich II* bei weitem nicht ausreichen würden. Hugo Portisch startete mit Unterstützung und finanzieller Ausstattung durch Generalintendant Gerd Bacher eine internationale Recherche nach Archivmaterialien zu Österreichs Geschichte im 20. Jahrhundert. Filmarchive in Frankreich, England und den Vereinigten Staaten, ja selbst in der Sowjetunion, die eigentlich völlig verschlossen und unzugänglich waren, wurden auf Österreich-Bestände hin durchsucht, und das redaktionelle Team wurde reichhaltig fündig. Diese weltweit gefundenen Materialien wurden durch den ORF mit den nötigen Lizenzrechten angekauft, als Kopien nach Österreich geschafft und bildeten die Grundlage für das »Historische Archiv« des ORF, das bis heute einen zeitgeschichtlich hochrelevanten Kernbestand des ORF-Archivs ausmacht.

Hier kommt Peter Dusek ins Spiel, der als ORF-Redakteur diesen Impuls aufgriff und damit die Modernisierungs-Initiative der Archive im ORF einleitete. Der junge, aber bereits etablierte Historiker koordinierte die Beschaffungs- und Archivierungsarbeiten. Er war Hugo Portisch aus früheren Kooperationen bei historischen Radio- und Fernsehserien bereits bekannt und bildete nun die kommunikative Drehscheibe zwischen Hugo Portisch und seinem Team in dessen Produktionsfirma und allen zuständigen Stellen im ORF. Es galt die wertvollen internationalen Archivbestände zu verwalten, sie für die Produktion von *Österreich II* und *Österreich I* bereitzustellen, sie aber auch für die Zukunft zu bewahren, aufzubereiten und zugänglich zu halten. Es war die Gründungsstunde des modern organisierten ORF-Archivs.

Hier beginnt auch mein persönlicher Bezug zu Hugo Portisch. Ich war 1982, zu Beginn der Produktion der Serie *Österreich II*, junger Geschichtsstudent und durfte in diesem neu gegründeten «Historischen Archiv« des ORF ein Ferialpraktikum absolvieren. Hugo Portisch mit seinem redaktionellen Team und Peter Dusek als historischer Archivar im ORF setzten bei der Beschaffung, Erschließung und Erhaltung der neu beschafften Archivbestände auf junge Historikerinnen und Historiker die Leidenschaft für den Umgang mit audiovisuellen Archivmaterialien mitbrachten. Eine ungemein spannende Beschäftigung für einen jungen Studenten wie mich. Wir waren ein hochambitioniertes Team und durften einzigartige historische Schätze aus aller Welt sichten, erschließen und nutzbar machen. Die journalistischen und inhaltlichen Ansprüche von Hugo Portisch waren dabei die Herausforderung und Messlatte für das gesamte Archivteam.

Mit *Österreich II* gelang ein Qualitätssprung im Umgang mit historischen Bildquellen in der Fernsehdokumentation. Die historischen Bilder wurden zu zentralen Quellenstücken, zum dramaturgischen Werkzeug, um historische Fakten und Geschichten in eine multimediale Erzählung zu bringen. Bilddetails aus Archiv-Filmen und Fotos wurden zu Anknüpfungspunkten für weitere Recherchen, die wiederum neue historische Erkenntnisse zutage förderten – eine neue Form der Bildarchäologie für Bildquellen des 20. Jahrhunderts. Lange vor der Verbreitung digitaler Medien und ihrer Logiken wurden mit den damaligen analogen technischen Mitteln Gestaltungsprinzipien des digitalen Storytellings vorweggenommen. Auch für die Archivierungspraxis bedeutete dieser Anspruch eine neue Dimension an Detailtiefe bei der Erschließung und Beschlagwortung von Medienquellen. Später selbstverständliche Ansprüche an Detailgenauigkeit in digitalen Datenbanken und computergestützten Erfassungsverfahren wurden hier aus der journalistischen Praxis heraus und oft intuitiv vorweggenommen. Unter dem Schlagwort des »visual turn« fanden diese Herangehensweisen einige Zeit später auch Eingang in die wissenschaftlichen Methoden der Geschichtswissenschaft.

Für mich persönlich war die Zusammenarbeit mit Dr. Portisch eine prägende Erfahrung und Lehre für mein Berufsleben. Meine Jugendeindrücke im elterlichen Wohnzimmer von Hugo Portisch als Chefkommentator des ORF in unzähligen *Zeit-im-Bild*-Sendungen führten schon ein Jahrzehnt später zum Beginn meiner beruflichen Laufbahn. Das Archiv-Virus packte mich während dieses Ferialjobs und hat mich bis heute nicht losgelassen.

Ein neues Archivzeitalter im ORF

Aus der Zusammenarbeit an den Geschichts-Serien von Hugo Portisch und aus dem provisorischen »Historischen Archiv«, entstand das moderne ORF-Archiv, von 1988 bis 2008 unter der Leitung von Peter Dusek. Er hat in seiner Zeit als Hauptabteilungsleiter des ORF-Archivs die umfassende Modernisierung mit eindrucksvoller Energie betrieben und die Stellung des Archivs innerhalb des ORF und in internationalen Fachkreisen auf eine neue Ebene gehoben. Ein zentraler Aspekt war für ihn als erfahrener Journalist und Historiker dabei die Ausbildung vieler Mitarbeiterinnen und Mitarbeiter des Archivs zu journalistisch qualifizierten Programm-Gestalterinnen. Das Team der Archivredakteurinnen und Archivredakteure gestaltet seither attraktive Beiträge und Programme aus spannenden Archivinhalten für das Publikum – auch in allen neu entstandenen Distributionskanälen des ORF.

In seiner Nachfolge als Archivleiter seit 2008 bestehen meine Arbeitsschwerpunkte in der kontinuierlichen inhaltlichen und technischen Weiterentwicklung des ORF-Archivs. Neue technologische Möglichkeiten und digitale Tools sollen so früh wie möglich Archivarbeit erleichtern, Qualitätsstandards absichern und die Servicequalität des Archivs für die ORF-Redaktionen und das Publikum verbessern: Als erster Schritt im Zeichen des digitalen Technologieschubs erfolgte in den 1980er Jahren die Einführung eines Computersystems zur Erfassung von Archivmaterial. Die manuelle Zettelkartei gehörte der Vergangenheit an, digitale Datenbanken waren fortan »State of the art«. Die Einführung digitaler Produktionsmethoden in Radio und Fernsehen ab den 2000er Jahren brachte die Ablöse bandbasierter Abläufe, digitale file-basierte Verfahren revolutionierten auch die Praxis in den Archiven. Großformatige digitale Speicher haben in der täglichen Praxis des ORF längst die analoge Welt von Archivlagern, Filmrollen und verfallsgefährdeten analogen Videokassetten ersetzt. In den vergangenen zehn Jahren ist im ORF-Archiv die vollständige Digitalisierung des wertvollen historischen Programmbestandes aus den ersten Jahrzehnten des ORF, sowohl für Radio als auch Fernsehen gelungen. Insgesamt 150.000 Stunden an Radioprogrammen und 300.000 Programmstunden an Fernsehaufzeichnungen von 1955 bis zum Beginn der digitalen Programmproduktion nach der Jahrtausendwende wurden nachhaltig digital gesichert. Diese wertvollen Archivbestände sind dank der Arbeit des gesamten

Archivteams nun in der gleichen modernen Servicequalität wie aktuell neuentstandene Programme und Beiträge über die Suchmaschine »marco« des ORF-Archivs zu finden und direkt für neue Produktionen multimedial einsetzbar. Unter anderem konnten wir so auch den vergleichsweise kleinen, aber besonders feinen Bestand an Fernseh-Kommentaren von Hugo Portisch, die in diesem Buch ihren Platz finden, erhalten und können heute in digitaler Form darauf zugreifen. Blitzschnell gefunden, mit den Schlagworten: »Hugo Portisch, Kommentar«.

Im Jahr 2025 feiern wir siebzig Jahre Fernsehen. Fünfzig davon prägte Hugo Portisch maßgeblich mit, unter anderem durch die in diesem Buch zu lesenden Kommentare. Das Archiv wird diese Bestände bewahren, sodass auch für künftige Generationen der Zugang zum Lebenswerk von Hugo Portisch garantiert sein wird. In diesem Sinne: »Auf Wiederhören und auf Wiedersehen.«